社会福祉学の道しるべ

社会福祉の解体新書を求めて

古川孝順 著

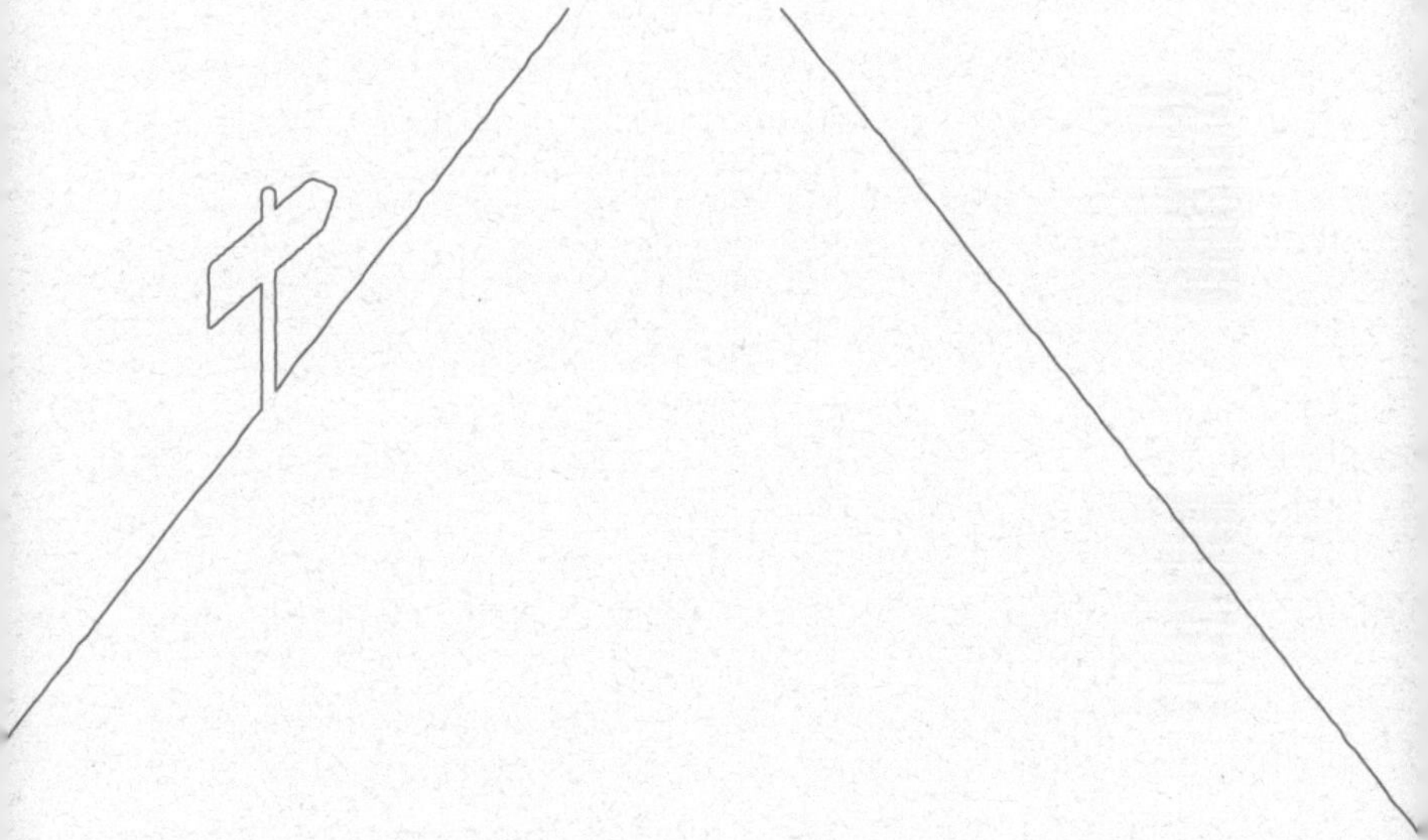

中央法規

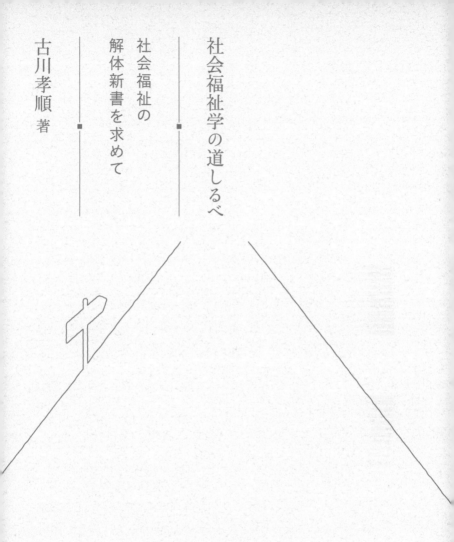

はじめに

　本書のタイトルは「社会福祉学の道しるべ」です。読者の期待と異なるかもしれませんが、本書は、副題に「社会福祉の解体新書を求めて」とあるように、社会福祉についての入門書や概説書ではありません。また、あるべき社会福祉について提案するというものでもありません。本書は、社会福祉とよばれる社会的な事象を研究の対象にして、その基本的な性格、構造や機能を客観的、理論的に分析し、理解することをめざす「科学としての社会福祉学」について、それがどのようなものであるかを明らかにすることを意図しています。しかし、その目標に到達するにはかなりの遠回り、つまり視点や枠組を適切に設定し、筋道を立て、論理的に議論を進めることが必要となります。その理由を説明することから議論をはじめることにしましょう。

　比喩的な話をします。大きなビルであれ、個人の住宅であれ、建物を造るときの最初の仕事は、設計図を作成することです。設計図にもいろいろレベルがありそうです。基本的な骨格のレベルから廊下や部屋の配置、あるいは水道、ガス、電気などの配置、配線などさまざまなレベルや領域の設計図が作成されると思います。それらにもとづいて工事が進められ、建物ができあがります。歳月がたてば建物もいたみますからいつかは修理が必要になります。耐震工事を追加するということもあるでしょう。そのとき、頼りになるのはやはり建設されたときの設計図です。それを引っ張りだし、精査し、どこを、どのような資材で、どのように修理し、補強するかを決め、それから工事がはじまります。そのときには、最初の設計図を前提に、修理や補強のための設計図が新たに準備されることになるでしょう。

指摘するまでもないのですが、このような設計図は、経験知だけで作成されているわけではありません。基礎になるのは、建築学の広い知識、そして理論です。個別には物理学や化学、電気、水、植物や気象などについての知識や理論もインプットされていることでしょう。

さて、社会福祉です。私たちは、こんにちのわが国の社会福祉について観察したり、経験したり、参加したりしています。しかし、そこに設計図が準備されているわけではありません。社会福祉においてはさまざまに政策や計画があり、事業が行われ、支援活動が展開されています。そこでは、地域福祉計画やケアプランなど、設計図といえそうなものも準備されています。しかし、歴史的な経緯を含め、社会福祉の全体をみると、そこに設計図が準備されていたというわけではありません。あらかじめ設計図があって、こんにちの社会福祉ができあがっているということではありません。

もちろん、そうはいっても、社会福祉は、ただ偶然や試行錯誤が重なりあって誕生したというものではありません。社会福祉がこんにちのような姿かたちになるには、それなりの背景、要因や理由が存在しています。社会福祉について理解するには、そのような背景、要因や理由、そしてそれらの論理的な結びつきを明らかにする必要があります。歴史的な変化を調べることも役に立ちそうです。そうすることによって、私たちの社会福祉についての理解が深まります。社会福祉をさらによいものにするには、どこをどのように改善し、補強すればよいのか、そのことも的確に把握することが可能になります。

こんにちの社会福祉の背後にある社会、経済、政治、文化などに関わる諸条件、社会福祉の形成や発展に関わるさまざまな条件や要因、きっかけ、そしてそれらの縦横の結びつきをしめす図表を作成し、それを建築の設計図にあたるものとみなすことにしましょう。そうすると、社会福祉にも設計図が存在するということになります。ただし、繰り返しになりますが、社会福祉については、その設計図があらかじめ準備されていて、それにしたがってこんにちの社会福祉が構築されてきたというわけではありません。

逆に、私たちには、社会福祉のこんにちを観察、分析し、その背後にある設計図を探り出すという作業が必要とされます。そこは、建築と違います。いま現に存在するものと設計図との関係が逆になります。社会福祉の場合には、現実の社会福祉の背後に埋もれている設計図を掘り起こす作業が必要になります。困難な仕事になりそうです。しかし、それを掘り起こすことができれば、私たちの目の前にある社会福祉についての理解は一層進み、どこをどのように改善し、補修すればよいのか、将来の発展にむけてどのような方策を設定すればよいのか、つまりどのような政策のありようが、運営や支援のしかたが必要なのか、そうしたことについてもより的確に判断することができるようになるでしょう。

かねて、われわれは、社会福祉を理解し、発展させるためには社会福祉の解体新書が必要だと指摘してきました。解体新書、つまり解剖図です。社会福祉はどのような骨格をもっているのか、どのような血管や神経、筋や筋肉をもっているのか、それぞれの身体のパーツがどのように結びつき、影響しあって機能しているのか、また、それらはどのような条件のもとで、どのように発展してこんにちにいたっているのか、そうしたことを明らかにできれば、社会福祉についての理解が一層進み、改善も、さらには新たな工夫もできるのではないか、将来の方向性についての判断もより適切なものになるのではないか、ということを提起してきました。

ここでいう社会福祉の設計図ないし解剖図は、現実の社会福祉を観察し、分析した結果として作成されるものです。しかし、一度作成されるとつぎにはそれが新たに社会福祉を観察したり分析したりするときの視点や枠組、あるいは仮説やよりどころとして、活用されることになります。この循環が大切です。

われわれは、大まかにいいますと、本書の前段で、そのような社会福祉の設計図や解剖図を作成する作業の発端として、研究の対象としての社会福祉の輪郭について考察し、ついでそれを理解する道具、手段となる社会福祉学の基本的な性格や構成について議論していきます。中段では、それらを踏まえ、こんにちの社会に社会福祉が存立する理由や経緯、そして現時点において取りまとめているわれわれの社会福祉の設計図ないし解剖図の骨格を紹介し、考察します。そして、後段において、社会福祉のそれぞれのパーツ、すなわち社会福祉の対象、主体、政策、運営、支援にみられる構造や機能について、その概略を論じています。最後に、終章として、これまでのわれわれの五十五年余にわたる研究を回顧した文章を添付しています。

確認になりますが、本書のねらいは、社会福祉に伏在する設計図、解剖図を描きだすことにあります。たとえば、本書では、自律生活や自律生活協同体がキーワードになっています。しかし、自律生活や自律生活協同体の実現、発展を目的や理念に定めて、これからの社会福祉のありようを描きだそうというのではありません。それら自律生活や自律生活協同体は、社会福祉の設計図や解剖図、つまりわれわれの言葉でいえば社会福祉を捉える視点や枠組を設定するために理論的に設定したキーワードです。分析を進める方法手段、物差しやメスとしての、いうなれば理念型としてのキーワードです。

社会福祉に関する議論、社会福祉学の起点は、人びとの生活、つまり人びとの自律生活やそれを支えるべき自律生活協同体の保持、存続発展が損なわれようとしたとき、また実際に損なわれたときに、人びとはいかにそれに対処し、みずからの生活を護ってきたのか、また近隣や地域の人びと、さらに社会や国はその営みをどのように支援してきたのか、あるいは抑制してきたのか、そのことを明らかにするということです。また、その延長線上において、社会福祉のありようを考える手掛かりを取得するということです。まずは、そのための視点と枠組をどのように構築し、そこから形成される論理をいかに発展させるかということが課題となります。自律生活や自律生活協同体は、そのための中心的な、基幹となるキーワードです。

われわれは、これまで、さまざまな機会に、このような社会福祉に伏在する設計図や解剖図を抽出し、その延長線上に社会福祉のありようを構想する手掛かりとして、科学としての社会福祉学を構想し、構築することを提起してきました。社会福祉学は、萌芽的には、先行諸科学による学際的な応用領域における研究としてはじまっています。こんにちにおいても、関連諸科学の知識や技術を援用する社会福祉の研究が多々展開されています。しかし、社会福祉学は諸科学の単なる応用領域ではありません。それは、人びとによる生活の自律と協同の営み、そしてその維持と発展を支援する社会福祉に資する視点と枠組、論理の体系です。

このような社会福祉学の視点と枠組、そして論理は、既成の諸科学にはないものです。そこにうみだされる視界には、おのずと先行する関連諸科学のそれとは違った景色が構成されているはずです。それをどのように可視化し、まとめあげるか、それが社会福祉学にとっての大きな課題です。それは、社会福祉学は、社会福祉学として、それに独自の社会、経済、政治、文化についての、また人びとの発達、人格、行動などについての独自の考えかた、理論をもたなければなりません。それは、社会福祉学が社会福祉学として成熟し、発展し続けるための必要不可欠な要件です。

本書の議論には、社会福祉についての議論に不慣れな読者の皆さんにとっては、取りつき難い、理解し難い部分が多々含まれていると思います。しかし、最後まで読み通していただければ幸いです。そうすれば、皆さん一人ひとりが、独自の社会福祉を捉え、分析し、統合する視点や枠組、論理を構築する手掛かりを掴むことができるのではないかと思います。そのことを期待しています。

本書は、「第1章　社会福祉の輪郭」「第2章　社会福祉学の性格と構成」「第3章　社会福祉の展開基盤」「第4章　社会福祉の基本的性格」「第5章　社会福祉の存立構造」「第6章　社会福祉の施策体系⑴―骨格・対象・主体―」「第7章　社会福祉の施策体系⑵―政策・運営・支援―」「終章　社会福祉学研究五十六年―回顧と展望―」から構成されています。

著者は一九六〇年に日本社会事業大学に入学しました。それからこの二〇二四年の三月まで、六十四年間を通じて、学生、院生、研究者、教員として社会福祉の学習、研究、そして教育に携わったことになります。その間ずっと、社会福祉とは何か、社会福祉学とは何かを考え続けてきました。第1章から第7章までは、その道程の取りまとめです。終章は、二〇二三年に社会事業史学会の第51回大会で行った基調講演に加筆修正したものです。主題は、筆者の社会福祉学の研究者、教育者としての回顧と展望です。

ちなみに、近々、中央法規出版から筆者も編著者として関わった『エンサイクロペディア社会福祉学』の増補版が刊行されることになっています。その冒頭にも、文語体で記述した本書とほぼ同様の内容をもつ論稿「社会福祉学の思考軸」が掲載されています。そちらにも目を通していただければ幸いです。本書についての理解も一層深まるのではないかと思います。

最後になりますが、本書では、入門書としての性格に鑑み、煩瑣《はんさ》を避けるため、注記や典拠文献の掲載を省略しています。本書で取りあげている議論は、既刊の著作において展開してきた議論と重なりあい、あるいはそれを前提に一部敷衍《ふえん》を試みたものです。議論として十分でない部分や立論にあたって援用した先達の諸業績、また近年の諸研究などについては、終章の末尾に掲示する著作の関連した箇所を繙《ひもと》いていただければ幸いです。

＊本文中に「精神薄弱者」「浮浪乞食」等の記述がありますが、これらは当時の医学用語、法律用語として使用されていたものをその文脈において用いています。

社会福祉の道しるべ　目次

はじめに

第1章 社会福祉の輪郭

第1節 社会福祉と社会福祉学 16
第2節 社会福祉の範囲 18
第3節 社会福祉の一体的把握 24
第4節 社会福祉の試行的規定 30

第2章 社会福祉学の性格と構成

第1節 学際科学としての社会福祉学 36
第2節 統合・融合の科学としての社会福祉学 40

第3節　社会福祉学の構成　46
第4節　社会福祉学研究の位相と次元　54

第3章　社会福祉の展開基盤
第1節　起点・機軸としての生活　66
第2節　生活維持システム　81
第3節　生活支援システム　93

第4章　社会福祉の基本的性格
第1節　社会福祉と一般的生活支援施策　100
第2節　領域としての固有性　106

第3節 アプローチとしての固有性 112
第4節 支援方法としての固有性 118
第5節 社会福祉と一般的生活支援施策の交錯 126

第5章 社会福祉の存立構造

第1節 社会福祉史分析の枠組 132
第2節 社会政策と社会事業 140
第3節 自律生活と自律生活協同体の社会的・国家的組織化 150
第4節 社会事業成立の構造 158
第5節 社会福祉への展開 167
第6節 社会福祉の変容 179

第6章 社会福祉の施策体系(1)—骨格・対象・主体—
第1節 社会福祉の骨格構造 194
第2節 社会福祉の対象 201
第3節 社会福祉の主体 216

第7章 社会福祉の施策体系(2)—政策・運営・支援—
第1節 社会福祉の政策 236
第2節 社会福祉の運営 246
第3節 社会福祉の支援 260

終章

社会福祉学研究五十六年　―回顧と展望―
第1節　私の社会福祉研究小史　288
第2節　社会福祉の解体新書　292
第3節　社会福祉学の性格　295
第4節　社会福祉学の位相　303
第5節　歴史と理論　308
第6節　新たな切り口　―自律生活と自律生活協同体の自己組織性・自己防衛性・自己実現性―　313
おわりに

第1章

社会福祉の輪郭

第1節　社会福祉と社会福祉学

1　固有な研究の対象と方法

研究史的には、社会福祉学の研究の揺籃《ようらん》はおよそのところ一九一〇年代の頃まで遡ることができます。しかし、わが国のアカデミックコミュニティにおいては、社会福祉学はなかなか科学の一領域として認知されえませんでした。その理由は、人文科学あるいは社会科学においても、物理学や生物学などの自然科学がモデルになり、固有な研究の対象とそれに照応する研究方法をもつことが必要不可欠の要件、規準とみなされてきたからです。長いこと、社会福祉学は、この規準を充足していない、充足することができないとみなされてきたのです。実際、現在においてもそういわざるをえないところがあります。社会福祉という研究の領域はたしかに存在しています。しかし、社会福祉学は成立しえない、という言説がアカデミックコミュニティに行き渡っているかのようです。

わが国のアカデミックコミュニティにおいては、ある研究の領域が一箇の科学、学問として認知されるためには、それ以外の科学、学問と明確に区別することのできる独自固有の研究対象とそれに対応する独自固有の研究方法をもつことが不可欠とされます。社会福祉学は、これら二つの要件を十分に充たしていないとみなされています。

2 社会福祉と社会福祉学の対比

そのためもあってか、社会福祉の世界においてすら、社会福祉学という用語法は必ずしも定着しているとはいいきれないように思われます。たとえば、社会福祉という言葉は、しばしば社会福祉とよばれる社会的な事象とそれについての研究活動やその成果を意味する社会福祉学という二通りの意味で使われています。社会福祉という一つの言葉が社会福祉そのもの、つまり研究の対象としての社会福祉と、その社会福祉を研究の対象とする科学ないし学問の名称としてもちいられています。便利なようにも思えますが、混乱のもとでもあります。

社会福祉と社会福祉学が異なることは、社会福祉のそれぞれの使いかたに概論という言葉を付け加えてみると容易に理解することができます。社会福祉についての概論と社会福祉学についての概論とでは、その内容は明らかに異なったものとなります。社会福祉概論には、社会福祉とよばれている社会的な事象について、そのあらましを述べることが期待されています。社会福祉学概論は、そのような意味での社会福祉を対象とする研究活動やその成果について、そのあらましをまとめたものとみなされます。むろん、社会福祉学概論にも社会福祉そのものについての議論が含まれます。ただし、そこで言及される社会福祉は、研究の対象としての社会福祉です。社会福祉と社会福祉学は、別々のカテゴリーに属するものとして扱われなければなりません。

第2節　社会福祉の範囲

つぎの課題は、それでは、研究の対象となる社会福祉なる事象の範囲をどのように把握し、捉えるかということです。社会福祉とはこれこれこういうものだということを明確にいえればよいのですが、事柄はそれほど平易ではありません。これまで多数の研究者たちがそれを試みてきました。社会福祉の概念を規定する、あるいは社会福祉を定義するという作業ですが、これがどうして簡単ではありません。もっとも理解しやすい理由は、われわれが社会福祉とよんでいる、あるいはよぼうとしているものの輪郭や内容が社会や時代によって異なり、変化しているからです。

1　制限列挙主義

かつて、一九五一年に社会福祉事業法（現在の社会福祉法）が制定されたとき、社会福祉事業（社会福祉を推進する事業）を定義することが簡単ではないということから、制限列挙主義という方法が導入されました。社会福祉事業法において取り扱う社会福祉事業として、第一種社会福祉事業、第二種社会福祉事業という概念が導入されました。これら二つのうちのどれかに含まれている事業、その全体が社会福祉事業だというわけです。

たしかに、この方法は、社会福祉事業とは何かということを簡潔に示す方法としては便利ではあります。しかし、その後、社会福祉事業の内容には大きな変化がみられます。たとえば、一九九〇年代末の社会福祉基礎構造改革のなかで、かつて敗戦直後の窮乏期以来、社会福祉事業に含まれていた公益質屋を営む事業が社会福祉事業から除外され、逆に介護福祉その他の事業や活動が新たに社会福祉事業に追加されました。なかでも、介護福祉の追加は、単に一つの新しい事業や活動が追加されたという以上に、社会福祉全体のありように大きな変化をもたらすことになりました。近年においては、周知のように、災害被災者や外国籍居住者への支援も社会福祉の新しい領域として発展しつつあります。

社会福祉は、社会や時代によって変化してきました。これからも変化するでしょう。その限りでは、社会福祉に含まれる、あるいは含められてよいと思われる事業や活動を列挙するという方法だけをもちいて社会福祉の輪郭を定めることに難しさがありますし、あまり意味がありません。そのことからすれば、社会福祉は、閉ざされた体系というよりも、むしろ境界のゆるやかな開放体系として理解するほうがよいように思われます。

しかし、開放体系という理解のしかたを追加するにしても、それだけで社会福祉の輪郭をつかむことは不可能です。社会福祉といってよい事業や活動を列挙するという方法は、列挙する側からみると簡便な方法です。しかし、それらしい事業や活動の一覧表をみせられても、それだけで掲載された事業や活動に内在する共通性や特性を掬いあげることは困難です。一覧表をもって社会福祉とは何か、それを読み取るというのは簡単なことではありません。

2 社会福祉の特性

そこで、少し違った角度から社会福祉の輪郭や内容を探る試みがなされてきました。H・L・ウイレンスキーとC・N・ルボーは、一九五八年に刊行された『産業社会と社会福祉』において、社会福祉とそれ以外のものを区別する基準になる特性を列挙しています。その特性は、①フォーマルな（正規な）組織だということ、②社会的な財源（スポンサーシップ）と責任（アカウンタビリティ）によって運営されていること、③利益の追求が主要な動機になっていないこと、④人びとのニーズ（ヒューマンニーズ）を統合的・総合的に捉えていること、⑤人びとの消費的なニーズに直接的に対応していること、の五つから構成されています。そのうち、①、②、③は社会福祉の基本的な性格が社会的・公共的なものだということを意味しています。④、⑤は社会福祉がその課題にたいして採用するアプローチのしかたにみられる特性です。

かつてわれわれも、これにならって、社会福祉を構成する特性として、①生活課題（ニーズ）

対応性、②統合的総合的対応性、③規範性、④社会性・公共性、⑤非営利性、⑥継続性、⑦安定性、の七つを設定したことがあります。七つの特性のうち、①から④は社会福祉の内容についての特性（内実的特性）です。⑤から⑦は社会福祉の組織に関わる規準（外形的特性）です。

いずれの試みも、このような特性をもっている事業や活動をもって社会福祉とみなそうという趣旨です。社会福祉の事業や活動についての観察や先行研究から社会福祉に共通していると思われる特性を抽出し、つぎに、今度はそのような特性によって構成される柵のなかに入る事業や活動をもって社会福祉とみなす、という方法です。社会福祉とよべる事業や活動を列挙するという方法よりも、幾分かは科学的にみえます。社会福祉の輪郭について一定のイメージを形成するのに役立つかもしれません。しかし、個々にみると、設定された特性の内容、意義は、必ずしも明確とばかりはいえないように思います。

3　対象の特性による把握

そうしたなかで、わが国における社会福祉学の大きな特徴の一つは、伝統的に、社会福祉の輪郭や内容を、社会福祉の対象のもつ特性を論じることを通じて明らかにするという方法が、社会福祉の原理論的な研究の方法として採用されてきたことにあります。わが国の社会福祉学研究においては、社会福祉の対象を社会政策の対象と比較し、その違いを明らかにすることを通じて、社会福祉の輪郭やなかみを明らかにしようとする研究が大きな潮流を形成してきました。そこでは、社会福祉の対象を社会的問題、あるいは生活問題として捉え、そのことによって社会福祉を、労働問題を対象とする社会政策から区別するという研究の手法がとられてきました。

社会的問題、生活問題についての議論は後に譲りますが、やっかいなことに、わが国の社会福祉研究においては、このような対象論を契機に政策を中心において社会福祉を論じる潮流と社会福祉における支援の方法（ソーシャルワーク）を中心に社会福祉を論じる潮流が形成され、両者のあいだに厳しい対立がうまれてきました。前者の政策を中心にした社会福祉研究を「政策論」、後者の支援の方法を中心にした社会福祉研究を「技術論」というのが一般的ですが、政策論と技術論とでは、社会福祉の対象についての理解はもちろん、その輪郭や内容についての理解も、相互に相容れるところがないという状況がうみだされることになりました。

第3節 社会福祉の一体的把握

しかし、そうはいっても、社会福祉は一つのまとまりのある事象、統合性、体系性、論理性を内包し、内在させる社会的な事象として存在しています。それはどのような性格と内容をもつ存在なのか、またいかにすればそれをよりよいものに改善し、発展させることができるのか、最終的にはそれらのことを分析し、解明することが社会福祉学の課題となります。

1 政策論と支援論の拮抗

社会福祉には幾通りかの次元があります。われわれは、それぞれの次元において社会福祉の違った姿かたちをみいだすことができます。わが国の、こんにちの社会福祉は、基本的には国家の政策として策定され、国会の審議を経た法律にもとづき、所管官庁である厚生労働省や都道府県・市町村などを通じて実施されています。社会福祉に関する研究のなかには、もっぱらそのような国の次元に着目している議論があります。一方、社会福祉には、福祉事務所、児童相談所などの多様な相談機関や施設が包摂されています。そこでは、困窮者、子ども、障害者、高齢者にたいして専門的な知識や技術を活用した相談助言、保育、養護、療護、介護などのさまざまな支援の事業や活動が行われています。社会福祉のいわば最先端です。おのずと、その次元に焦点化した議論が展開されています。

わが国では、大学において社会福祉に関する研究や教育が本格的に行われはじめるのはおよそのところ一九五〇年代頃からです。その過程において、さきにふれたように、社会福祉のどこに、どの次元に着眼し、焦点化するかの違いによって、政策論と技術論とよばれる大きな二つの潮流が形成されてきたわけです。そこには、社会福祉をそれが国家の政策として形成され、実施されているという次元において把握されるべきなのか、あるいは社会福祉を利用する人びとにたいする支援の知識や技術という次元において捉えられるべきなのかという認識の違いがあります。いずれが社会福祉の本来的な性質、本質に迫る筋道なのかという、社会福祉学の原理論的な研究の方法論に関わる深刻な意見の対立、見解の相違が含まれています。政策と支援、いずれの次元に社会福祉の本質をみるのか、どの次元に焦点化することが社会福祉の研究方法として正鵠《せいこく》を射ているのか、そのことを中心に厳しい議論が展開されることになりました。政策か支援かという、二項対立的、二者択一的な議論が展開される事態がうまれてきたのです。

こんにちの視点に立っていいますと、どちらの次元に焦点化しようとも、最終的に捉えられるべきは社会福祉の全体です。政策か支援かという議論では、社会福祉の現実は成り立ちません。社会福祉は、政策という次元と支援活動という次元があってはじめて、一つの全体として、トータルシステムとして成り立っているからです。しかし、一度生じた議論の対立、ズレは、なかなか終息にいたりません。

2　マクロとミクロのあいだ

そうしたなかで、わが国の社会福祉の現実は、一九五〇年代末から六〇年代にかけて大きな転機を迎えることになります。後にもみるように、第二次世界大戦後のわが国の社会福祉は、大衆的な窮乏と混乱のなかで、貧困層にたいする限定的な救済政策として再構築されました。しかし、やがてわが国が未曾有の高度経済成長を経験するなかで、わが国の社会福祉は低所得層さらには一般階層に属する人びとまでを視野に入れた普遍主義的な施策に拡大していきます。わが国の社会福祉は、それまでとは違った、新たな時代を迎えることになりました。

図1 社会福祉のシステム構成

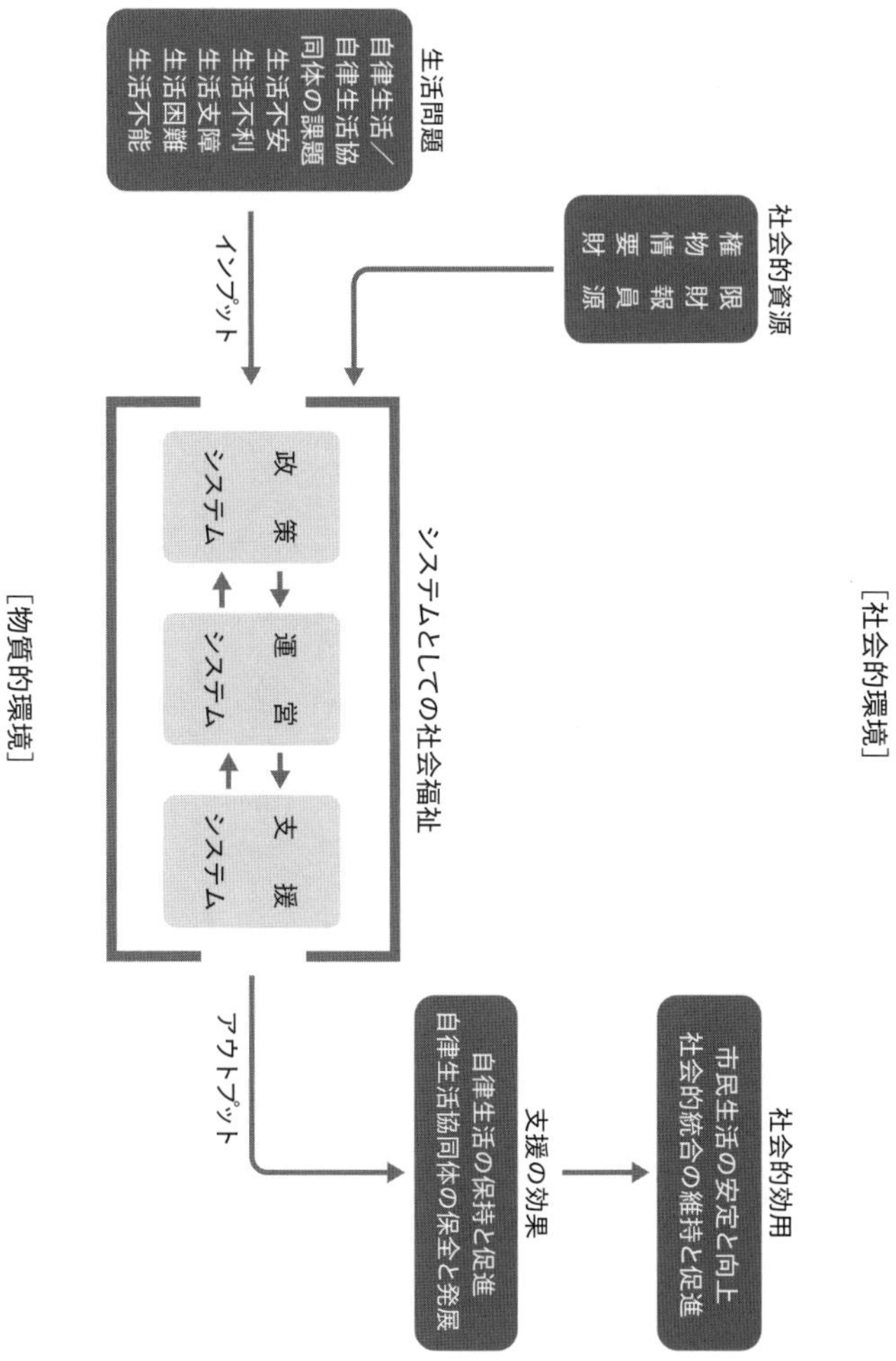

そうした、社会福祉の現実に直面して、研究者たちのサイドにも、社会福祉の全体をトータルに、一体的なものとして把握し、理解しようとする機運が芽生えてきました。もちろん、その場合の社会福祉の一体的な把握は、政策と支援のどちらかを軸にした一体化ではありません。政策と支援のあいだを架橋《かきょう》し、両者を接合し、結びつけるという方向での一体化が推進されました。政策が社会福祉のマクロ次元のシステム、支援がミクロ次元のシステムだとすると、その中間の地点、マクロとミクロのあいだに、両者を架橋し、接続するメゾ次元のシステムを設定するという方向での一体化です。マクロ、メゾ、ミクロそれぞれの次元のシステムを繋ぎあわせ、結びつけることによって社会福祉の全体を一体的に、トータルシステムとして把握するという方向が模索されはじめたわけです。

3 社会福祉の三位一体的把握

われわれもまた、社会福祉における政策次元のシステムと支援次元のシステムとのあいだに、両者を架橋し、接続する次元を運営システムとして設定するという手法を通じて、社会福祉をマクロ、メゾ、ミクロという三通りの次元から三位一体的に構成された一つの全体として把握し、分析するという研究の方向を追求してきました。ちなみに、ここでいうシステムは、複数の相互に有機的に規定しあう要素から構成される一つの全体であり、各要素の総和を超えて有機的に規定しあい、連動し、統一体として機能する組織です。さらに、そのような政策、運営、支援というシステムを構成する要素群もまた、それぞれにサブシステムとして運動し、機能する存在です。

こうして、社会福祉は、政策、運営、支援という相互に接合し、規定しあい、一体的・有機的に運動し、機能する一連のシステムから構成されるトータルシステム、一体的な組織体として捉えられることになります。その意味で、われわれは、図1の「社会福祉のシステム構成」は社会福祉を把握する起点となる視点と枠組を提示しています。

4　社会福祉のシステム構成

図1は、そのような認識の方法を前提に、社会福祉の性格、構造、機能を理解する手掛かりにすることを意図して構成されています。図の中心に位置するのは、「システムとしての社会福祉」です。それは、社会福祉が政策（ポリシー）、運営（アドミニストレーション）、支援（プ

ラクティス）という三通りのサブシステムから構成されるトータルシステムとして存立しています。ちなみに、ここで運営としている部分は、社会福祉の構造に着目する場合には、制度ないし制度運営に置き換えることが可能です。その場合、社会福祉を構成するサブシステムは、政策、制度、支援ということになります。

こうして、全体、トータルとしての社会福祉は、社会的・経済的・政治的・文化的な諸条件からなる社会的環境、自然環境や人工環境からなる物質的環境から構成される総体社会―社会福祉にとっての外部環境であり、展開の基盤となるもの―において、それらのもたらす多様な条件を契機として形成され、運営され、実施される施策の体系として捉えられることになります。

第4節

社会福祉の試行的規定

1　社会福祉の概観

さて、これまでの議論を前提に、社会福祉を概観しておきましょう。いま一度図1に戻ります。現代社会においては、社会福祉の基本的な枠組、機構は、国家による施策（政策・運営・支援）として策定され、施行されています。国家は、外部環境としての総体社会を前提に、社会福祉にかかる政策を構築、運営し、実施するために必要とされる社会的な諸資源、すなわち一定の権限、物財、情報、要員、財源を準備し、システムとしての社会福祉を構築します。社会福祉はそれをうけて「社会的な啓発と規整」「購買力の提供」「生活資財の提供」からなる「生活支援の方策手段（事業や活動）」を創出します。生活課題をかかえ、社会福祉の支援を必要とする人びと（利用者）は、そのような生活支援を利用することによって、みずからの生活課題の克服をはかり、「生活の自律と協同」を回復し、維持発展させることになります。

社会福祉の役割は、生活課題をかかえる人びとをインプットし（受け入れ）、生活支援という方策手段を活用して、人びとの「自律生活の保持と促進」「自律生活協同体の保全と発展」という社会的な成果をアウトプット（産出）することにあります。そして、社会福祉は、その過程を通じて、総体社会にたいして、「市民生活の安定と向上」「社会的統合の維持と推進」という社会的な効用（影響）をもたらすことになります。

社会福祉は、直接的には、個々の利用者にたいして生活課題を解消、軽減緩和し、その生活の自律と協同を支援することを課題としています。そして、そのことを通じて、社会福祉は、最終的には、市民生活に安定と向上をもたらし、社会的統合の維持と推進に寄与することになります。そのことは、取りも直さず、社会福祉が現代社会において生活支援的な機能と社会制御的な機能を同時的にもつことを意味しています。

2　社会福祉の定義

ここまでの議論を通じて、われわれが社会福祉なるものをどのように捉え、研究しようとしているのか、多少とも理解が深まってきたのではないかと思われます。そこで、最後に、そのことを踏まえて、われわれが試行的に作成した社会福祉の定義を紹介しておきましょう。

社会福祉とは、現代社会において、生活上に不安、支障、困難などの多様な課題をもつ人びとにたいして、国民の社会的な権利、国ならびに自治体の責務として提供される生活支援の施策であり、人びとの生活の自律と協同を保全し、促進することを通じて市民生活の向上と社会の発展をめざす社会的公共的な方策手段の体系である。

より具体的には、社会福祉とは、生活上に不安、不利、支障、困難、不能などの課題（生活課題）をもつ人びとにたいして、その生活の自律と協同の保持、促進を支援し、市民生活を向上させ、社会の統合を推進するために、国ならびに自治体によって策定され、民間の組織や団体さらには地域住民による参画のもとに、社会的、公共的に推進される生活支援の施策であり、かつそれらを支え、方向づける専門的な知識と技術の総体である。

この試論的な概念規定は、社会福祉を一般的に規定した部分と、それをより具体的なレベルにおいて捉え直した部分から構成されています。もちろん、定義としては簡にして要をえるべきですが、社会福祉についての理解を深めるためには、さらにそこにさまざまの注釈を付け加え、その意義を敷衍《ふえん》することが必要になります。それが、以下の各章における課題になります。

第

2

章

社会福祉学の性格と構成

第1節　学際科学としての社会福祉学

さて、固有の研究対象とともに、科学に不可欠とされるもう一つの条件は、その対象にみあう固有な研究の方法が確立されているかどうかということです。

1　学際科学の応用領域

わが国における社会福祉学研究の本格的な展開は、第二次世界大戦以後のことです。社会福祉学の研究は、最初のうちは哲学、歴史学、経済学、法律学、社会学、さらには心理学や教育学などの既成諸科学の応用研究として展開されました。戦後黎明《れいめい》期の社会福祉学をリードした孝橋正一、岡村重夫、竹内愛二、吉田久一、小川政亮、石井哲夫、小川利夫などの先達《せんだつ》による研究がそうです。いずれも、既成科学の研究方法を社会福祉の研究に適用した研究でした。孝橋の基礎科学は経済学、岡村は哲学、竹内は社会学、吉田は歴史学、小川政亮は法学、石井は心理学、小川利夫は教育学です。わが国における社会福祉学の研究は、既成科学を出自とする学際科学としてはじまりました。

学際科学といいながら、その実態は、それぞれの研究者がみずからの基礎科学をよりどころに、社会福祉の多様な次元、あるいは多様な位相を研究の対象に定め、その成果を報告しあうというものでした。それぞれの研究者の研究成果を集めてみても、そこから社会福祉の全体像が浮かびあがるというものではありませんでした。個別にみると、それぞれが意義深い社会福祉についての研究でした。しかし、そのような社会福祉研究を俯瞰《ふかん》してみても、そこには個別の基礎科学による研究が散在するばかりでモザイクにもなっていませんでした。

2 固有科学への志向と批判

そうした状況にたいして、まず岡村重夫によって、後には一番ヶ瀬康子らによって、社会福祉の全体像を把握しようとする研究が試みられます。むろん、岡村と一番ヶ瀬らとでは依拠する研究の視点も枠組も異なっていました。それでも、そこには、社会福祉にかかる政策や制度の次元と支援の方法や技術の次元を統合的・統一的に把握し、社会福祉学を固有の科学として構築しようとする試みとして、一定の共通点が存在していました。基礎科学の応用研究の集積としての社会福祉研究とは違った視点や枠組がみられました。なかでも、岡村は、みずからの研究の方法論を経済学や法学、社会学などの既成の諸科学による研究の方法論に比肩しうる視点や分析枠組をもつ固有の方法論として展開しました。

しかし、そうした試みにたいして、三浦文夫や星野信也は、社会福祉における政策や制度の次元と支援や技術の次元とではそれぞれ別個の視点や分析枠組をもつ科学に依拠した研究を必要とするものであって、両者を一体的に捉えることを可能にするような固有な科学は成立しえないとする批判的な言説を展開しました。それは、固有の科学方法論をもつ単一科学としての社会福祉学の成立の可能性を明確に否定する言説でした。

三浦の基礎科学は社会学であり、星野のそれは政治学です。たしかに、三浦や星野の議論にも一理があります。単純化していいますと、社会福祉における支援の方法や技術、なかでもその臨床的な展開の過程を社会学や政治学の手法によって十全に把握し、解明することは不可能でしょう。逆に、社会福祉が国家による政策として展開されるにいたる論理や政策が策定され、運用、実施される過程の全体を心理学や精神医学の手法によって的確に捉え、分析把握することなどできそうにもありません。科学史的にみると、社会経済的な事象と生理心理的な事象を一体的に捉える科学など期待しえないというわけです。

3 一体的把握の必然性

仮にそうだとしますと、社会福祉の研究は、幾つかの既成科学の応用分野にとどまることにならざるをえません。既成科学の方法が適用されうる次元や位相、あるいは分野が研究の対象となり、その成果が個々に提出されるという状況に終始することになります。社会福祉学という言葉をもちいるにしても、その内容は、社会福祉のどこかの次元や位相を研究の対象にしているという意味において、相互に関連しているかもしれません。しかし、そのような研究の成果は、多様な研究の集積、その算術的総和という結果にならざるをえません。

しかし、社会福祉の実態、現実はどうでしょうか。社会福祉は、国家の政策という次元と支援の方法や技術という次元をあわせもち、両者は運営という次元を媒介項に相互に依存し、規定しあう関係にあります。政策としての社会福祉は、支援としての社会福祉なしにはその目的を達成しえません。逆に、支援としての社会福祉は、政策による規定をうけ、それなしに目的を達成することは不可能です。さきにみたように、社会福祉は政策、運営、支援という次元から構成される一つのシステムとして存立しています。社会福祉は、そのようなものとして一体的に把握される必要があります。

　さらにいいますと、社会福祉をそのようなものとして把握することなしには、社会福祉における専門職養成を課題の一つとしている社会福祉の研究も教育も成立しようがありません。社会福祉の研究や教育の再生産、維持発展は、それを支え、推進する科学、社会福祉を一体的に把握する科学としての社会福祉学の構築を不可欠の要件とします。

第2節　統合・融合の科学としての社会福祉学

1　学際科学としてのアプローチ

そうだとすれば、社会福祉学をどのように構築するのか。まず、三つのポイントを確認したいと思います。第一のポイントは、研究の対象としての社会福祉は、政策の策定から支援の実践まで多様な次元、そして位相から構成されており、多様な科学によるアプローチを必要としています。それが現実だということです。社会福祉は、単一の科学、たとえば経済学や社会学によって、あるいは心理学や精神医学によってその総体を捉え、分析解明することは不可能です。学際科学的なアプローチを不可欠の要件としています。

その意味においては、わが国の社会福祉の研究が多様な既成科学による応用的な研究として、その限りにおいて学際科学的な研究としてはじまったことは、いわば必然的な成り行きでした。社会福祉研究の学際科学的な性格は、ソーシャルワークについても、そのままあてはまります。ソーシャルワークは、一見すると単独の独立したディシプリン（学問）のようにみえ、しばしばそのようなものとして主張されます。しかし、ソーシャルワークも、歴史に遡及《そきゅう》しますと、社会学、精神医学、心理学などの既成科学の知識や技術を応用し、活用するかたちで発展してきました。その意味において、ソーシャルワークもまたまぎれもない学際科学です。

いずれにしても、社会福祉学は学際科学として発展してきましたし、今後においてもそうであり続けるほかはありません。社会福祉のなかでも、たとえば法制的な位相、医療福祉的な位相、住環境や生活支援器機の位相などについては、法学、医学、工学に依存する研究にならざるをえません。これが第一のポイントです。

2 「あるべきもの」の探求

しかし、社会福祉学は近接し、あるいは関連する既成科学による応用研究の単なる算術的な総和として成り立つわけではありません。社会福祉が社会的・公共的な施策として存立する根拠を解明し、その発展を支えるためには、社会福祉学は「あるもの」についての法則定立的な認識科学を基盤にしつつも、それを超えて「あるべきもの」を探求する科学、課題解決科学や問題発見科学として構築される必要があります。これが第二のポイントです。何よりも、学際科学としてはじまった社会福祉研究の成果を一つのまとまり、系統性・体系性をもった学問、科学の領域に統合し、融合させる営みが必要とされます。社会福祉学を既成科学のように「あるもの」について探求する科学、つまりその成立や運動の機序や過程を法則定立的に探求する科学から、その成果を基盤にしつつも、「あるべきもの」を設定し、構想し、探求する科学、設計科学として追究することが求められます。

3　社会福祉学構成の枠組

第三のポイントは、社会福祉学が「あるべきもの」の探求を志向する科学だとして、つぎに必要な作業は、その内容をどのように構成し、構築するかということです。学際科学的な研究の成果を算術的に寄せ集めるだけでは、社会福祉学にはなりえません。多様な学際科学的な研究の成果を一つにまとめあげ、統合し体系化することが求められます。

岡村重夫は、学際科学的な研究の成果を一つの科学にまとめあげるためには、そのことを可能にする規準が必要だと指摘しました。岡村のいう規準は、社会福祉学に固有な分析の視点や枠組といってよいでしょう。岡村の言説は、社会福祉を人びとの生活と社会的諸制度との社会関係を人びとの生活のサイド、生活の内側から捉えようとしたことで知られています。岡村によれば、経済学や法律学は、また社会学においても、人びとの生活そのものというよりも、そこから外在化され、制度化された経済、法律、集団や組織という社会的な諸制度と活動のありように焦点化した科学です。それにたいして、社会福祉学は、人びとやその生活と社会的諸制度との社会関係を人びとやその生活のサイド、内側から主体的に捉え、そこに生起する生活上の諸問題に接近するところに既成科学には存在しない、新たな科学としての固有性があると主張しました。そこでは、人びとと社会的諸制度とのあいだに取り結ばれる社会関係の主体的側面を軸に、生活の主体性、全体性、統合性のもつ意味あいが強調されています。

このような岡村の言説は、社会福祉における歴史的・社会経済的要因のもつ意味を軽視しているとする強い批判にさらされてきました。その一方において、生活をキー概念とする立論の方法は、一番ヶ瀬康子らによる生活問題の議論に継承されたとみることができます。一番ヶ瀬は、労働力の商品化に着目しつつも、労働力の消費過程における諸問題を労働問題、労働力の再生産の過程における諸問題を生活問題として区分し、社会福祉を後者の生活問題の解決、軽減、緩和をめざす国家の政策として捉えています。さらに、一番ヶ瀬は、社会福祉を社会権的基本権の一つである生活権（生存権）の保障をめざす政策として位置づけています。この、生活権の保障という視点は、学際科学的な研究の成果を取捨選択し、統合し、体系化するうえで重要な手掛かりになる着想でした。

しかし、生活権保障というだけでは、学際的な研究を統合し、体系化する基準として十分ではありません。生活権保障の内容をブレークダウンし、分析の枠組や尺度として利用しうるものに発展させる必要があります。われわれは、そのことを考え、岡村や一番ヶ瀬による先行研究を踏まえつつ、新たに自律生活、自律生活協同体、換言すると生活の自律性と協同性という概念を導入することを提起してきました。繰り返しになりますが、社会福祉に関する学際科学的な研究の成果を社会福祉学という固有な科学の体系に統合し、融合化し、体系化する手掛りとするための措置です。自律生活、自律生活協同体の意味、その詳細についてはつぎの第3章において改めて取りあげます。

4 先端科学としての社会福祉学

社会福祉学は、たしかに、経済学、法学、社会学、心理学などの既成の法則定立的な科学、認識科学と横並びに対置できるような科学にはなりえないでしょう。われわれは、むしろ、社会福祉学を、認識科学的な営みを基礎、基盤に、それらの諸科学による応用科学的、学際科学的な研究の成果を一つに統合し、体系化、融合化するところに成立する、これまでにない新しいタイプの科学だと考えています。社会福祉学の目標は、既成の科学に接近することにあるわけではありません。社会福祉学は、ますます多様化、複雑化、高度化し、同時に限界化しつつある現代社会に対峙する新しい科学のありようを追究する先進科学、先端科学の一つだと考えています。

第3節 社会福祉学の構成

それでは、そのような社会福祉学は、どのように構成され、どのような構造をもつことになるのでしょうか。図2の「社会福祉学の構成」は、第二次世界大戦後の社会福祉学の研究史を踏まえつつ、社会福祉学がどのような構成・構造をもつものとして推進されてきたのか、その過程と構想を整理し、図示したものです。

図2は、三通りの同心円によって構成されています。中心にある第一の層は、社会福祉学の原論的な研究、いわゆる社会福祉学原（理）論に相当する領域です。第二層は、その社会福祉学原理論を踏まえて展開される社会福祉学の個別分野を構成する領域です。第三の層は、これまで社会福祉学の基盤となってきた、また現にそれぞれの領域における研究や実践を支えてい

図2 社会福祉学の構成

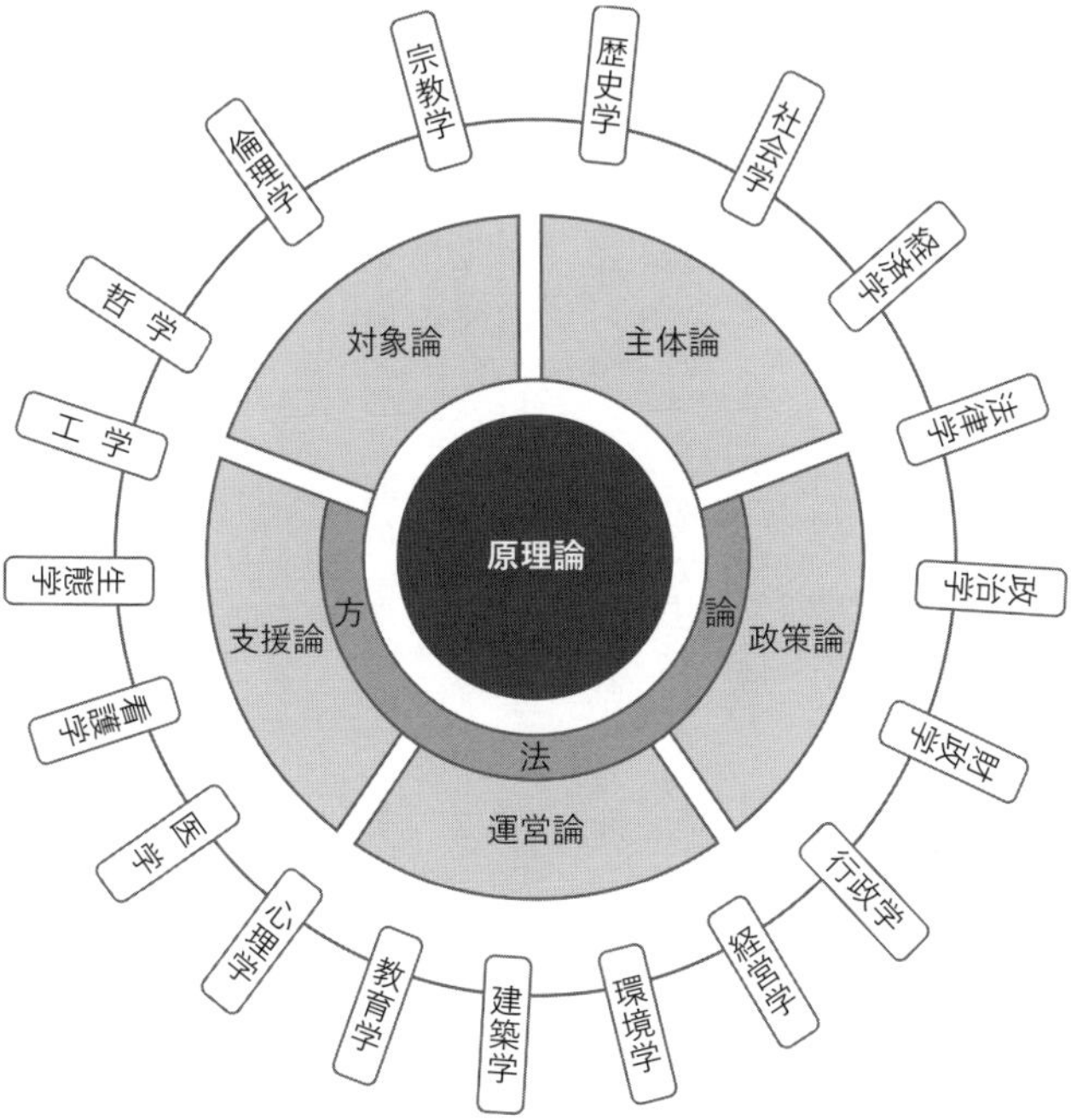
原理論
方法論
対象論
主体論
政策論
運営論
支援論
歴史学
社会学
経済学
法律学
政治学
財政学
行政学
経営学
環境学
建築学
教育学
心理学
医学
看護学
生態学
工学
哲学
倫理学
宗教学

る諸科学、社会福祉学にとって学際的な諸科学を列挙した領域です。以下、順次、各層の内容について概観していきましょう。

1 原理論的研究

第一層の社会福祉学原論の課題は、端的にいいますと、第一に、社会福祉そのものの存立の必然性、その論理、根拠、過程について明らかにすることにあります。第二に、そのような社会福祉を研究の対象とする社会福祉学の存立の必然性、その根拠、構成、性格について明らかにすることにあります。第三に、社会福祉学の視座、視点、分析と総合の枠組、論理など、総じていうと社会福祉学における研究方法の基本的なありようについて明らかにすることにあります。原理論の領域には、以上の課題を包括する研究領域としての社会福祉学原論の研究と、それに寄与する社会福祉の哲学、思想、歴史などに関する研究が含まれることになります。

2 施策体系の研究

第二の層は、社会福祉の施策体系に関する研究の分野です。それは、まず社会福祉の対象論、主体論、方法論に分割されます。つぎに、その方法論が政策論、運営論、支援論に区分されています。対象論は、第1章第1節において言及した社会福祉と社会福祉学というコンテクストでいいますと、社会福祉という社会的、公共的な施策が対応している問題状況ないし課題状況についての議論です。対象論においては、そのような問題状況ないし課題状況がいかなる性格をもつものとして把握、分析され、理解されるべきなのか、その問題状況がいかにして社会福祉の政策課題として位置づけられることになるのか、それらのことが研究の課題となります。

主体論においては、誰が、なぜ、どのような理由にもとづいて、そのような対象（政策課題）に対峙し、対処することになるのか、そのことが研究の課題となります。研究史的にみると、国家、自治体、民間の団体や組織、事業者、専門的支援者、地域住民などの多様な公私の団体や組織、また私人が社会福祉の主体になってきました。それぞれの団体、組織、事業者、私人が社会福祉の主体として登場してきた歴史的社会的な経緯や論理、各種主体間の位置関係、役割関係、権力関係などの研究が主体論に含まれます。

つぎに方法論です。ここでいう方法論は、社会福祉の主体がその対象とされる問題（課題）状況に働きかける、その方法手段についての議論です。その方法論を構成するのが、政策論、運営論、支援論という三通りのサブカテゴリー（下位範疇）になります。これらの下位範疇は、そのままさきに言及したシステムとしての社会福祉を構成する政策、運営、支援という次元に照応しています。政策論、運営論、支援論の内容については、第6・7章において概観します。

3　学際科学の位相

第三の層においては、社会福祉学に近接し、多様なかたちにおいて社会福祉の研究に関与している学際的な諸科学を例示しています。図2に取りあげている学際科学の数は、哲学から工学まで十九に達しています。しかし、もちろん、これがすべてというわけではありません。社会福祉研究の領域によっては、列挙した科学以外の科学を援用するということも十分にありうることです。また、援用される科学の種類も、関与の深度も、広狭、濃淡さまざまです。たとえば、哲学、歴史学、経済学、法学、社会学などは社会福祉研究のほぼすべての領域に関わるといってよいかもしれません。心理学、精神医学、教育学、看護学などの関与は、社会福祉でも支援に関する領域が中心になるでしょう。

もちろん、社会福祉学の研究が図2に例示する学際的諸科学のすべてについて通暁し、習熟することを必須の要件としているということではありません。援用すべき科学の種類や範囲は、設定された研究の領域によって、また研究の視角や視点によってそれぞれ多岐にわたります。たとえば、大河内一男や孝橋正一の業績を解読しようとすればマルクス経済学についての一定の知識と理解が必要となるでしょう。同様に、小川政亮、吉田久一、三浦文夫、石井哲夫、小川利夫などの業績を解読するには、それぞれ法学、歴史学、社会学、心理学、教育学についての一定の知識と理解が求められます。社会福祉学を出自とする研究者であっても、たとえば一番ヶ瀬康子や右田紀久惠の業績を理解するためには、それぞれ経済学や法学に関する一定の知識と理解が必要となるでしょう。

もちろんですが、援用すべき科学の選択、範囲は、研究者個々人の判断によります。研究者がみずから設定した研究の領域や課題の内容や研究の方法によって、必要とされる学際科学の種類も、習熟の範囲や深さも、おのずと異なったものとなります。しかし、いずれにしても、みずから設定した研究領域について、援用する学際科学のサイドからその応用研究として実施されている研究を咀嚼し、理解しようとすれば、一定のレベルにおいてそれに必要な知識や理論、研究方法の習得が求められるのは当然のことになるでしょう。

4 独自な理論体系の構築

さらにいいますと、社会福祉学はその目的を達成するために、その揺籃《ようらん》の時代には、経済学や社会学、心理学などの既成の科学を援用してきました。そうした諸科学の知識や理論を借用してきました。しかし、最終的には、社会福祉学は、それに独自な社会理論、人格（パーソナリティ）理論や行動理論などをもつことが必要になります。たとえば、地域福祉計画を策定しようとすれば、基礎となる地域社会のありようを理解するとともに、どのような地域社会をめざすのか、計画の目的、目標を構想することが必要となります。めざすべき地域社会像を構築しなければなりません。そうするには、社会福祉学は、社会学による地域社会論の導入、援用からはじめるにしても、やがては独自の地域社会論をもつことが求められます。同様に、社会福祉学が、さまざまの生活課題をもつ人びとにたいして、その生活について、みずからの意志や判断にもとづいて目標を定め、その実現をめざして自律的に行動できるように支援することをめざすのであれば、そのように行動する人びとの力、パワーがいかにして獲得され、形成されるのか、社会福祉学に固有な社会理論や人格理論、行動理論を構築することが必要にならざるをえないわけです。

社会福祉学に固有の、社会福祉学にふさわしい社会理論、あるいは人格理論や行動理論を構築することは、もちろん容易なことではありません。しかし、現実には、社会福祉に関わる専門職は、それぞれの日常的な支援の経験を通じてそれなりに形成した社会理論、人格理論や行動理論に依拠しながら、日々社会福祉の業務に関わっています。そのような日常的、経験的な知識を意識的、客観的に精錬し、国内外の先行研究と照合しながら、先行する関連諸科学とは明確に区別される、社会福祉学に独自固有な理論体系に発展させる必要があるという趣旨です。社会福祉学の構築には、そのような着実で創造的な作業が求められています。

第4節 社会福祉学研究の位相と次元

1 社会福祉学の位相

社会科学のなかでも物理学や生物学などの自然科学、法則定立科学をモデルとする経済学や社会学においては、研究の対象となる経済事象や社会事象の形成のメカニズムや運動の過程をとりあげ、それを関連する要素と要素とのあいだの関係、なかでも因果的な規定関係として体系的に説明することが重要な課題となっています。これにたいして、社会福祉学においては、一定の社会的な問題（課題）状況にたいして、一定の目的、目標のもとにそれに対処すること、そのために方策手段を講じ、適用し、その成果について評価することが求められます。どのような方策手段をもってすれば、よりよい成果がえられるかを解明することが課題となります。

日本学術会議による科学のありようについての議論を援用していいますと、自然科学的な方法論をモデルとする伝統的な経済学や社会学は「あるものの探求」を課題とする認識科学（法則定立科学）です。それにたいして、社会福祉学は「あるべきものの探求」を課題にする設計科学の一つです。

もちろん、社会福祉学においてはまず、何をもって解決すべき問題状況、課題とみなすのか、それにたいしてどのような解決の方向、目標をめざすのか、そのことを判断する規準、それを構成する価値に関する規範科学的なアプローチが必要とされます。つぎに、社会福祉が対処する問題状況にたいしてより適切かつ効果的な方策手段を講じるためには、問題状況の性格、その原因や形成の過程、メカニズムについての認識科学的、法則定立科学的なアプローチが必要とされます。また、過去において適用された方策手段について、策定の経緯や結果を明らかにし、評価するという側面においては、歴史科学的なアプローチが必要となります。

そのような規範科学的なアプローチと認識科学的なアプローチによる研究の成果を踏まえて、社会福祉は、解決すべき問題状況にたいしてもっとも効果的とみなされる施策を企画立案し、法令として策定しなければなりません。社会福祉は、総体としての社会資源のなかから、想定される施策の策定、実施に必要とされる権限、物財、情報、要員、財源の質量、組みあわせを考量し、決定することが求められます。そこに必要になるのが設計科学的なアプローチです。

そして最後に必要となるのが、実践科学的なアプローチです。社会福祉は、策定された方策手段（政策、運営、支援）をどのように適用し、実施するのか、その結果を新たな方策手段の策定、運用、実施にどのようにフィードバックするのか、そのことを吟味しなければなりません。そこには、社会福祉の利用者にたいして対面的な状況、関係において生活支援を提供する過程についての研究も含まれます。

こうして、社会福祉学は、設計科学としての位相を中心に、「規範科学」「認識科学」「実践科学」という四通りの位相をもつ複合的な科学として構築することが求められるわけです。改めて整理しておきたいと思います。社会福祉学の規範科学としての位相は、社会福祉が、対応を求められる生活問題（課題）をいかなる判断規準にもとづいて対処すべき課題として認識し、どのような目的、目標を設定して方策手段を設計するのか、その基盤となる価値、思想について考察する位相です。

認識科学（法則定立的科学）としての位相においては、そのような規範科学の位相をうけて、社会福祉が対応しようとする問題状況、その性格、原因、形成過程について、それらを規定する諸条件と要素間の因果的な規定関係を明らかにすることが課題となります。過去においてとられた施策や諸外国における類似の施策についても、その実施の経緯や過程について、また成果や失敗について明らかにし、これから策定されるべき、あるいは改善されるべき施策の企画立案、法制化に寄与する位相です。

設計科学としての位相は、そのような規範科学的アプローチ、認識科学的アプローチによる探求とその成果を活用して、必要かつ適切な目的のもとに問題状況にたいして妥当かつ有効な施策が企画立案、法制化され、その運用実施の手順、手法が定められる一連の過程について、科学的に分析し、比較衡量し、よりよい施策の構築に寄与する位相です。

実践科学の位相においては、社会福祉の施策が具現化され、実施される過程について分析、吟味し、その結果を施策の改善、再構築の過程にフィードバックさせることが課題となります。社会福祉は、施策が企画立案され、法制化されたところで完結するわけではありません。それは運用され、実施されなければなりません。そうでなければ絵に描いた餅《もち》です。その意味において、社会福祉の最先端は、相談機関やセンターにおいて、施設や地域において、そして対人的、対面的なセッティングにおいて展開される支援活動です。そこでは、実践科学としての位相が重要な役割を担うことになります。

2 位相と次元の交錯

さらに、これらの社会福祉学の規範科学、認識科学、設計科学、実践科学という四通りの位相は、政策、運営、支援という社会福祉の三通りの次元との関わりにおいて、それぞれに独自の課題を担うことになります。社会福祉学研究の実際は、社会福祉学の四通りの位相と社会福祉の三通りの次元が交錯するところにおいて展開されることになります。表1の「社会福祉学研究の位相と次元」は、そのことをマトリックスとして表示したものです。

ただし、ここでは、それぞれの位相と次元によって構成されるマトリックスについて、個々に取りあげ、説明を加えることは避けたいと思います。ここでは、後に試みる社会福祉の施策体系についての考察との重複を避け、今後における議論の手掛かりになりそうな論点について提示するにとどめることにしましょう。

3 規範科学としての位相

表1　社会福祉学の位相と次元

研究の位相	研究の性格	研究課題の次元		
		政策の次元	制度運営の次元	支援の次元
課題の設定	規範科学（べき論）	政策課題の設定	運営課題の設定	支援課題の設定
実態の把握	認識科学（ある論）	政策課題の実態分析	運営課題の実態分析	支援課題の実態分析
施策の設計	設計科学（できる論）	政策の企画と策定	制度の設計と構築	支援の方針と計画
施策の展開	実践科学（する論）	政策の運用	制度の運営	支援の展開

何のために、いかなる理念のもとに、どのような目的、目標をもって人びとの生活支援に取り組むのか。この議論は、規範科学としての位相に求められる課題です。しかし、目的、理念、目標の内容は、社会福祉の次元によって少しずつ異なってきます。たとえば、目的、理念、目標を一般的な用語法にいう生活の自立という言葉をもちいて論じることにしましょう。政策の次元においては、生活の自立という言葉は、もっぱら生活にたいする自己責任、自立自助という発想と結びついています。身辺的にも、社会的、経済的にも自分自身の力、自力で生活できるように支援することをもって、政策の目的、理念、目標が語られていること

が多いと思います。

しかし、支援の次元においては、自分自身の力で自助的に生活を維持することが困難な人びとをそのまま取り残すわけにはいきません。周囲の人びととの援助や移動や視聴にかかる機能を補う機器を利用することによって維持される自立生活がありうるのではないでしょうか。そのような周囲を頼みにする自立を含めた、自分自身の判断、意志、希望にもとづいて維持されるような自律的な生活の実現こそが支援の目的、目標になるべきでしょう。そのようなコンテクストでいうと、支援の目的、目標は生活の自立というよりもむしろ生活の自律というほうがふさわしいでしょう。運営の次元においてはどうでしょうか。そこでは、政策的に設定された目的、理念、目標と支援の次元において求められる目的、理念、目標とのあいだで、端的にいいますと、自立と自律の衝突、葛藤、折りあいのドラマが展開されることになるでしょう。その結果によって、支援の内容は異なり、利用者の生活再建の方向が定まることになります。

4 認識科学としての位相

認識科学（法則定立科学）としての位相と三通りの次元が交錯するところにおいては、それぞれの次元に関わる論題についての法則定立的、認識科学的な研究が課題となります。政策との関係でいいますと、まず社会福祉の対象となる生活問題なり、生活課題の性格や形成過程についての研究が必要となります。社会福祉の歴史的な発展に大きな転機をもたらしたのは、貧困についての認識科学的な研究である貧困調査とその結果です。

有名なチャールズ・ブースやシーボーム・ラウントリーによる貧困調査は、貧困が低賃金や景気の変動などの社会経済的な要因によって形成されていることを明らかにし、そのことがイギリスにおいて多様な社会的施策が成立する重要な契機となりました。社会事業そして社会福祉の発展においても、貧困問題をはじめとする生活問題（生活課題）に関するさまざまな調査研究とその成果が重要な契機となりました。運営の次元においても、各種の計画を策定するにあたっては、まずそれぞれの市町村や地域社会における生活問題についての実態調査が不可欠です。計画の策定には、情報、要員、財政の現状や将来の見込みについての研究が必要となります。過去の計画についての評価も求められます。いずれも、認識科学的なアプローチが求められる作業です。実践の次元においては、利用者のかかえる生活課題、それをもたらした要因、利用者のもつ自律生活力などについてのアセスメントが必要とされます。過去の事例についての研究も不可欠です。ここでも認識科学的なアプローチの適用が求められることになります。

5　設計科学としての位相

設計科学としての位相においては、たとえば計画という言葉について、同じような事態がうみだされます。政策、運営、支援、どの次元においても計画的であることが求められます。ただし、その意味内容は、政策、運営、支援それぞれの次元によって異なったものとなります。政策の次元における計画について考えてみましょう。そこでは、まずもって、社会福祉にかかる政策が国によって展開される政策体系の一部分であるということが前提となります。政策としての社会福祉には、労働政策のみならず、産業政策、財政政策、司法政策、さらには対外政策などとの調和、調整が求められます。社会福祉の個別の政策においては、雇用、所得、教育、保健、医療その他の一般的な社会的生活支援施策との整合性を確保しつつ、個別の生活課題に対応する施策が設計されなければなりません。運営の次元においては、国の設定する目的や目標、制度枠組を前提にしつつ、それぞれの自治体や地域社会の実態に適合した実施計画を設計することが求められます。そこでは、ナショナルミニマムの確保とともに、コミュニティオプティマムの実現が課題になります。支援の次元においては、個々の利用者の生活課題に即した、自律生活の再建や向上をめざした支援計画（ケアプランあるいはサービスプラン）の策定が求められます。そこにおいては、明らかに、設計科学的なアプローチが必要とされます。

6 実践科学としての位相

実践科学としての位相をみますと、政策や運営の次元において設定された施策の目的、理念、目標が支援を支える枠組となり、基盤となります。しかし、同時に、それらは支援の方向や内容を制約する枠組にもなります。たとえば、介護保険という制度のなかにおいては、選択し、適用が可能なサービスの種類や頻度など、利用しうる資源には制約がともないます。最適、最良のサービスを実現するケアマネジメントをめざすにしても、そこには克服しがたい制約が存在しています。

支援の次元における実践科学的アプローチの中心的な課題は、支援を必要としている人びとや家族の生活課題に応じて、適用すべき最善の支援方法を選択し、それを提供するために必要とされる知識や技術を開発することにあります。そのことは指摘するまでもありません。同時に、政策や運営の次元においても、実践科学的なアプローチが必要とされます。政策や運営の次元においても、政策や運営の過程や結果があらかじめ想定した経過をたどり、予想した効用をもたらしているかどうか、的確に評価し、必要な修正を加えることが必要になります。そのことは、政策過程や運営過程における実践科学的アプローチの必要性を物語っています。

社会福祉学の研究を発展させるためには、個々の位相や次元に焦点化した研究を一層深めることが求められます。しかし、それと同時に、これまでかいまみてきたような、それぞれの位相と次元が交錯する局面に留意し、社会福祉の全体に目配りした研究、蟻の眼と鳥の眼をともに備えた複眼的な研究を推進することが必要とされます。

第3章

社会福祉の展開基盤

第1節　起点・機軸としての生活

社会福祉の起点、機軸となるもの、それは人びとの生活です。

社会福祉の出発点、そして依るべき、あるいは維持されるべき軸心は、人びとの生活とはどのようなものであり、それはこれまでいかに維持存続されてきたのか、現に営まれ、支援され、護られているかを明らかにするということにあります。以下、そのような視座、視点、視角を前提に据えながら、生活の意義、生活のもつ基本的な特性、その基盤となる社会総体の構成、生活維持のダイナミズム、生活を支える社会的支援の基本的な枠組について、順次、考察していきます。

1　生活の意義

まず、生活とは何か、生活をその基底においてどのように捉えるか、ということです。もっとも簡略にいいますと、生活は、人びとの生命と活力の維持、再生産を自己目的とする活動として捉えることができます。生活は、自己組織性、自己防衛（保存）性、自己実現性をもつ活動であり、総じていいますと、自律性を志向する活動として営まれています。その意味において、生活はそのまま自律生活を意味しています。自律生活とは、人びとがみずから支配し、みずからそのありようをコントロール（制御）する自由力をもつ生活にほかなりません。そのような自律生活は、自立力、自存力、結縁力、対処力、回復力によって構成される自律生活力によって生成され、維持存続され、発展します。

2 システムとしての生活

そのような生活の基本的な特性は、総じていいますと、生活が多数の生活に関わる要素から有機的に組織される一つのシステとして形成され、自存し、運動しているということにあります。

ここでいうシステムは、第1章においても一度言及しましたが、複数の相互に有機的に結びつき、規定しあう要素から構成される一つの全体であり、それぞれの要素の総和を超えて活動し、機能する組織を意味しています。生活をこのような意味でのシステムとして捉える視点、そして枠組が、われわれの議論の特徴になります。

生活システムは、さまざまなレベルにおいて形成されます。まず、個人や家族の内側に形成される生活システムがあります。個人や家族の生命や活動をうみだし、支える領域において形成される生活のシステムです。いわば生活に関わる内部システムです。それは、人びとの年齢、性別、生理的、身体的な諸条件、パーソナリティ、生活関係などから構成される内部構造をもって存在しています。

他方、生活システムは、個人や家族とその外側に位置する社会的、経済的、政治的、規範的など、多様な条件をもつ社会的な環境、また自然や建造物などの物質的な環境からなる外部環境とのあいだに交互作用（代謝関係）を形成し、保持しています。このような個人や家族の内側に形成される内部生活システムとその外側に位置する諸制度との関係のなかに形成される外部生活システムによって構成される生活システムは、社会総体のなかでみると、社会、経済、政治、文化に関わるシステムに関わりつつ、それらを制御する部位に位置しているシステムです。このような生活システムは、近隣社会や地域社会のレベルにおいても、同様に抽出することが可能です。

重要なことは、これらの生活システムは、相互に区別されますが、別々のものではないということです。単位あるいはレベルを異にする多様な生活システムは、重層的、一体的に形成され、相互に影響しあい、規定しあうという関係にあります。

3 生活の分節化と統合

個人や家族を単位とする生活システムは、さまざまな領域から構成されています。生活システムは、一般的にいいますと、まず身体的、心理的、社会的な領域から構成されています。もう少し具体的にいいますと、それは、衛生、食事、健康、育児や介護、学習、就労、レクリエーション、趣味・文化活動、近隣関係などの複数の領域ないし分野に分節化して営まれています。それらの分節化した生活の領域は、その一つひとつが多様な外部環境と関わりつつ、それぞれに分立し、固有の論理をもって活動しています。こうして、生活システムは、個人や家族の成長とともに分節化を積み重ね、生活領域の数は次第に拡大し、多様化します。

生活システムは、個人や家族の成長とともに、その内部に多様に分節化した領域をもって営まれます。しかし、それぞれの領域は、個々に独立し、独自に活動しているというわけではありません。それらは相互に規定し、影響しあい、統合され、生活は一つの全体として存在し、営まれています。生活システムの内側においては、さまざまな領域に分化し、分節化しようとする方向性とそれらを結びつけ、統合し、一つの全体として存続し、機能しようとする方向性とが互いに拮抗しています。個人であれ、家族であれ、その生活システムを一つの全体として保全し、維持し、向上、発展させるためには、そこに一定の調和、協働が必要とされます。

こうして、生活システムは、分節性、全体性、そして統合性を、その基本的な特性としてもつことになります。総じていいますと、生活システムは、亀甲（亀の甲羅型の）構造を内包する一つの全体として as a whole 存在し、営まれることになります。

4　生活の主体

このような特性をもつ生活システムの主体を生活者ないし生活人とよぶことにしたいと思います。後に示すように、私たちは、われわれがそこに住み、構成している社会の総体を「社会システムとしての協同社会」「経済システムとしての資本主義社会」「政治システムとしての市民社会」「規範システムとしての文化社会」という四通りの下位システム（位相）からなる四層構造社会として把握してきました。これらの総体社会を構成している下位システムのそれぞれの位相に照応させていいますと、人びとは、社会システムとの関係においては社会人（社会的人間）、経済システムとの関係においては経済人、政治システムとの関係においては政治人、規範システムとの関係においては文化人として行動しています。人びとは、四通りの位相との関係でいいますと、社会人、経済人、政治人、文化人という、いわば四つの顔をもって活動し、行動しているということになります。

つまり、生活の主体としての生活者ないし生活人は、社会人、経済人、政治人、文化人という四通りの顔をもっているわけです。繰り返しになりますが、人びとは、総体社会を構成する四通りのシステムとの関係においていいますと、社会人、経済人、政治人、文化人として行動しているということになります。しかし、四つの顔をもって個々バラバラに行動しているわけではありません。それらを統合しているのが生活人という位相です。つまり、生活人は、それら社会、経済、政治、文化という四通りの生活の位相を総括し、統合する位置に存立しています。生活人は、その意味において、社会、経済、政治、文化という、それぞれの生活の位相を統合し、作動させる主体、すなわち生活システムを代表し制御する主体となります。

このような、われわれのいう生活人、生活システムの主体についてもう少し具体的にみておきましょう。ここでいう生活人は、資本主義社会においては、みずからの労働力を商品として雇主に販売し、賃金を取得することによってその生活を維持している人びと、一般に雇用者とよばれる人びとのことです。もちろん、資本主義社会には、雇用者のほかに、農林業、漁業、商業、企業などを自営して生活する人びと、自営者が存在します。それ以外にも、金利や地代、配当などで生活する人びともいます。しかし、自営者やその他人びとは、比率でいいますと、全人口の一〇％強というところであり、残りは雇用者です。その意味において、ここでの生活に関する議論は、雇用者の生活を前提に進めることになります。

雇用者は、みずからの労働力を雇用主に販売して（就職して）手にする賃金によって、生活に必要な生活資財（生活資料や生活サービス）を資本主義的な商品市場から購入し、それを消費することによって生活を維持する人びとを意味しています。雇用者は、単身生活者であることもあれば、家族を構成していることもあります。近年においては、核家族化、少子化、さらには非婚化もあり、家族の小規模化に拍車がかかるという傾向にあり、高齢や障害のある単身生活者、ひとり親家族などが増加しています。生活についての議論は、雇用者という生活構造とともに、そうした事情を念頭におかなければなりません。

5 生活の自律性

われわれは、「(1) 生活の意義」においてふれたように、生活を自己組織性、自己防衛性、自己実現性をもつ活動、総じていいますと内発的、主体的に自律性を志向する活動として捉えてきました。また、そのような自律的な生活を支える力、すなわち自律生活力を構成する要素として、自立力、自存力、結縁力、対処力、回復力というものを想定しています。生活の自律性やそれを支える自律生活力の意義については、後にもしばしばふれることになります。ここではいま一度、生活の自立と自律の違い、自立と自律を区別することの必要性と重要性について指摘しておきたいと思います。

繰り返しになりますが、社会福祉に限らず、サミュエル・スマイルズの『自助論』にもみられるように、資本主義社会においては歴史的に生活の自立ということが重視されてきました。ここでいう生活の自立は、自己責任による生活の維持、すなわち自助による自立です。生活保護の領域においては、こんにちにおいても、経済的な自立の達成が目標とされ、そのための支援が自立助長とよばれています。生活保護受給者の就労による生活の自立、すなわちわれわれのいう自助的自立を支援することが重要視されています。

しかし、そのような意味での自立が可能なのは、長い人生においても壮年期だけです。人間は誕生から成人するまでの時期、そして退職後の高齢期の生活は、多かれ少なかれ家族をはじめとする誰かの力に頼らなければなりません。生活はおろか生命の維持すら難しいといえます。障害や傷病があれば、壮年期であっても自助的な自立生活の維持は困難です。生活のためには、誰かに、何かに頼る、依存することが必要となります。それは、自立のための依存です。われわれは、このような、誰かに、何かに頼り、依存して維持される自立を依存的自立と規定してきました。

むろん、自立は人びとの生活に欠かせません。自立は自律の基盤であり、機軸です。しかし、自助的な自立だけが自立ではありません。たとえその一部を誰かに依存せざるをえないとしても、あるいは何かしらの補助的な生活機器を利用せざるをえないとしても、重要なことは、人びとがみずからの生活を支配し、その主体になっているかどうかということです。

生活の一部に家族や専門職への依存、生活機器の利用などが含まれているとしても、日々何をするか、どう生きるかをみずからの意志と判断にもとづいて選択し、それを実現することのできる生活、それがわれわれのいう自律的生活です。そのような意味での生活の自律を利用者の生活に確保し、維持促進するように支援する、それをもって社会福祉の目的、理念にするということです。

6 生活の協同性

人びとの生活は一人では維持することができません。人びとは、生物学的な意味においてであれ、社会的な意味においてであれ、生きるためには家族、親族、友人、近隣社会、地域社会など、生活のための協同の組織、すなわち生活協同体を必要とします。人びとの生活は、生活協同体という基層的な社会組織の一員であることによってはじめて可能となります。人びとは、人類としての歴史を通じて、はじめは親や親族とのあいだに、やがては近隣の人びととのあいだに相互に依存的な生活関係を取り結び、それを基盤、バネとして徐々に身辺的、心理的、社会的、経済的、人格的な自立力を獲得し、自律生活の形成、維持発展をめざすことになります。このような、生物学的な人間から社会的な人間への発展、心理学や社会学において社会化とよばれている過程は、個人的であると同時に協同的な過程として追求され、達成されます。

人びとは、そうした人類史的な過程を通じて、愛他主義、あるいは利他主義とよばれる行動様式を獲得してきました。近年の発達心理学の研究のなかには、そのような人間の行動様式は、後発的、社会的に学習され、獲得された資質というよりも、それ以前に、人類に本来的、本源的な資質として内面化され、遺伝子的に受け継がれてきたとする報告も存在しています。

そうしたことからみると、人びとの自律生活と自律生活協同体は本来的に表裏の関係にあるといって過言ではありません。その意味において、人びとの自律生活に認められる特性は、そのまま自律生活協同体のもつ特性を構成することになります。自律生活協同体は、自律生活と同様に、自己組織性、自己防衛性、自己実現性をもち、自律性（自己統治 self-governance）を志向します。自律生活協同体は、みずからを統治し、自立力、自存力、結縁力、対処力、回復力からなる自律生活力（自律生活協同体に則していいますと自律生活協同力）をもち、みずからの課題をみずから解決し、将来のありようをコントロールする意志、自由な判断と決定を志向し、その実現をめざして行動します。

このような自律生活協同体の成立とその特性は、歴史的な意味での共同体にみられる、日常的な生活や生産における家族や親族、近隣社会の協働や相互扶助的な活動、住居の補修や葬送などに関わる結いやもあいなどの互助組織の存在によって裏づけられます。それらは、自律生活協同体の自己組織性、自己防衛性、自己実現性という性能の具現化として理解することが可能です。宗教的な動機と結びついた慈善活動も、その延長線上にある活動として捉えることができます。さらには、わが国近世において多発した一揆や強訴《ごうそ》についても、自律生活協同体のもつ自己組織性、自己防衛性、自己実現性の発現として理解することが可能です。従来、一揆や強訴は、貧窮した農民による生活の困窮や不満に起因する心情的、刹那的、政治的な暴発、あるいは抑圧的、権力的な封建的統治にたいする政治的、階級的な抵抗行動として扱われてきました。しかし、近年の歴史学においては、一揆は、農村のみならず寺院などの宗教団体にもみられた行動様式であり、長期にわたって自己組織的に集合し、議論し、支配的当事者との交渉をも重ねつつ、課題の解決、処理をはかるという、農民や僧侶による協同的な行動様式の一部であり、すぐれて社会的な行動であったとする見解もみうけられます。

このようにみれば、自律生活協同体は、歴史的、具体的な人間社会のありようを超えて、社会の基層に底流している、いわば社会の源泉としてこれを理解することができます。その意味において、自律生活協同体は、歴史的な態様を超えて、社会そのものの基底に存立する基層社会であり、社会福祉の淵源として、これを位置づけることが可能です。

7 社会・歴史への参画

生活人としての人びとの存在は、社会、経済、政治、規範という四通りの位相との相互的な作用を通じて総体社会のもつ社会的歴史的な諸条件に規定され、方向づけられています。しかし、それは相互作用の一つの側面にすぎません。人びとは総体社会のもつ諸条件に規定されつつも、同時に自律生活の主体、自律生活協同体の構成員として、総体社会のさまざまのレベルに働きかけ、そのありようを形成し、方向づけることを通じて、歴史の形成に参画してきました。

社会福祉を人びとの生活を起点、機軸として把握、分析し、そのありようを構想し、設計するということは、そのまま社会福祉を人びとの自律生活と自律生活協同体の自己組織性、自己防衛性、自己実現性というサイド、視点から捉え、分析し、さらにはその将来のありようを構想し、設計するということを意味します。

こうして、社会福祉を社会科学的に把握し、分析する社会福祉学は、端的にいいますと、社会福祉を、人びとの自律生活と自律生活共同体の維持存続、発展をキーワードに、総体社会、なかでもその社会環境的な諸条件との相互規定的な関係（インタラクション）という視点から客観的、かつ主体的に捉え、分析するとともに、これからのありようを構想し、設計することをもって課題とすることになります。

8　先行研究の批判的継承

　このような、社会福祉を人びとの生活のサイドから捉えるという視点は、すでにふれたように、萌芽《ほうが》的には岡村重夫によって提起されています。岡村は、個人と社会制度とのあいだに取り結ばれる社会関係、なかでもその主体的な側面に着目することによって、既成の経済学、政治学、社会学その他の社会諸科学とは明瞭に一線を画した、社会福祉に固有な視点、枠組を構築することができると主張しました。この視点、枠組は岡村に独自のものであり、その功績であるとして過言はありません。しかし、そのような岡村の独自な視点、枠組は、逆に岡村の社会福祉理論に独特の狭隘《きょうあい》性をもたらすことにもなりました。岡村は、社会関係の主体的側面というそれまでにない境地、視野を開拓しました。しかし、逆にその分だけ、社会関係の客体的な側面のもつ比重を軽視しているという強い批判を招き寄せることになりました。たしかに、われわれは、社会福祉の社会的環境を構成している多様かつ複雑な諸条件の存在とそれが人びとの生活と社会福祉にもつ影響力、規定力を適切に評価する必要があります。

しかし、そのような社会的環境の影響力、規定力を重視する視点、枠組だけでは、社会福祉のありようを的確に把握、分析し、将来を展望し、構想することができません。社会的環境のもつ客観的な影響力、規定力を的確に評価するとともに、人びとの生活のもつ主体的自律的な位相、生活人としての位相を重視しなければなりません。その意味において、われわれは、岡村の生活を社会福祉分析の起点とし、機軸にするという基本的な構想を評価したいと思います。

たしかに、生活を起点とし、機軸にするという岡村重夫の社会福祉研究の方法は、重要な、ある意味において画期的な意味をもっていました。しかし、それだけでは不十分です。われわれは、岡村以後の、一番ヶ瀬康子、真田是その他によって発展させられてきた社会福祉研究の方法、つまり生活問題に焦点化することを基本にしつつ、総体社会の外部環境的な諸条件のもつ影響力、規定力についても的確に視野に組み込んで展開されてきた社会福祉研究の方法を批判的に吟味し、継承しなければなりません。われわれには、さらにそこに、こんにちの社会福祉を分析するにあたって必要とされる視点や枠組を積極的に組み込むというかたちで、新しい社会福祉研究の方法を構築する作業が課せられています。

第2節 生活維持システム

社会福祉を生活を起点、機軸にして捉え、分析するという視点に立ちますと、つぎにはその生活のなかにいかなる条件、論理によって社会福祉による対応を必要とするような問題や課題が形成されるのか、おのずとそこに関心が向かいます。しかし、そのことにふれる前に、その前提になる作業として、人びとの生活と社会福祉がそこに存立し、展開している社会、すなわち社会福祉の基盤、舞台としての総体社会の構造について、改めて考察しておく必要がありま す。

1 総体社会のシステム構成

もちろん、周知のことですが、社会のありようは、人類の歴史とともに、また地域とともにさまざまに異なり、多様です。ここでのねらいは、こんにちにおける社会福祉の前提、展開の

図3 総体社会のシステム構成

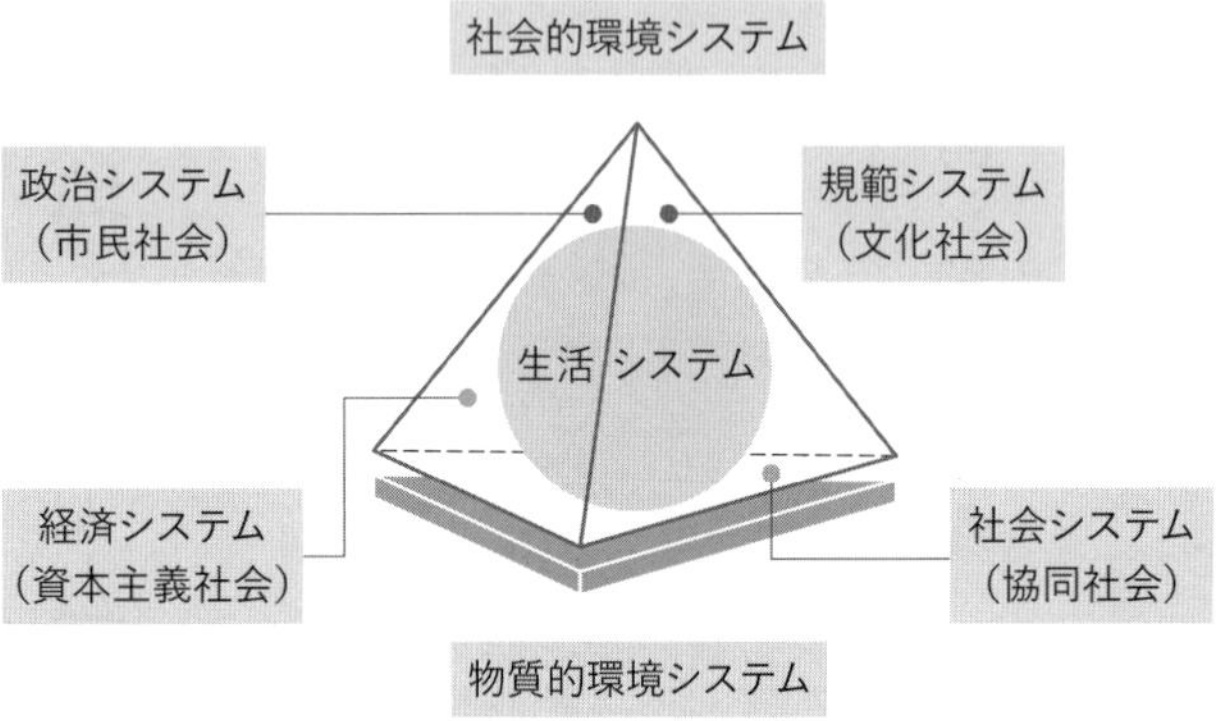

基盤になる社会について、考察することです。さらに、その議論を踏まえて、これからの社会福祉を展望し、構想する手掛かりを手に入れることにあります。

さて、ここからの議論においては、社会福祉展開の基盤、舞台になる社会として、時代的には、一六世紀このかたの近現代社会、なかでも一九世紀の後半以降こんにちにいたる社会を取りあげることにします。地域的には、イギリス、アメリカ、そしてわが国における社会のありようを念頭にしつつ、議論を進めることにしたいと思います。

すでにふれてきたことの確認になりますが、われわれは、近現代における社会のありようを「社会システムとしての協同社会」「経済システムとしての資本主義社会」「政治システムとしての市民社会」「規範システムとしての文化社会」という四通りの位相 ― 以下、これら四通りのシステムを総称して「社会組成システム」ということがあります ― から構成されたトータルシステム、それを「総体社会」として捉え、そのように規定してきました。

図3の「総体社会のシステム構成」はそのことを示しています。

さて、図3に示すように、総体社会のありようを理念型的に正三角錐の形状をもつ存在として想定すると、その基底の部分を構成しているのは、社会システムとしての協同社会です。そして、そこから、協同社会を基盤にして、経済システムとしての資本主義社会、政治システムとしての市民社会、そして規範システムとしての文化社会という三通りの位相が立ちあがり、相互に支えあい、規定しあいつつ、トータルシステムとしての総体社会を形成しています。

2　生活システム

つまり、総体社会は、社会システム、経済システム、政治システム、規範システムという四通りの社会組成システム（サブシステム）がそれぞれの方向から相互に依存しあい、規定しあいつつ、一つに結合するというかたちで全体を構成している社会です。そして、そのような総体社会の中心に位置しているのが、ほかならぬ「生活システム」です。図3において総体社会を意味する三角錐の内部に球体として示している生活システムは、ここでは四通りの社会組成システムとそれぞれに接点をもち、交互的な代謝関係をとり結ぶことによって、人びとの生命と活動を維持存続させ、発展させるシステムとして形成され、そのことに特化された構造をもち、機能を果たしています。生活システムは、一箇の独立したシステムとして独自の論理をもち、自己組織的、自己防衛的、自己実現的に存立する空間、場と組織であり、生活維持の体系として機能しています。

われわれは、ここまで総体社会を四通りの社会組成システム、すなわち社会システム、経済システム、政治システム、規範システムから構成されたトータルシステムとして捉えることから議論を進めてきました。しかし、もちろん、われわれが社会福祉の起点として焦点化すべきは、何よりも、それら四通りの社会組成システムの中心に位置している生活システムです。そして、その生活システムは、「生活維持システム」と「生活支援システム」という二つのサブシステムから構成されています。やや議論を先取りしますと、社会福祉は、そのうち後者の生活支援システムを構成している社会的、公共的な生活支援施策の一部分として生成し、発展してきました。しかし、そのような社会福祉の姿かたちを明らかにするには、まず、この近現代社会において、人びとの生活を構成し、支えているシステム、生活システムそのものがどのような性能をもち、どのように機能しているのか、そのことを考察しなければなりません。

3 自律生活力

周知のように、生活の英語表記はライフ life です。そこには、「生命」「日常的な生活の営み（暮らし）」「生涯（人生）」という三通りの意味が含まれています。人びとは、生命を維持するためには、生理的にも心理的にも無力な、親による保護、親族や近隣社会による援助など周囲の諸条件に完全に依存せざるをえない状態で誕生します。人びとは、生命を保持し、成長し続けるには、一定の期間のうちに、みずからの生命と活動をみずから維持し、向上発展させるために必要な力ないし性能（パワー）を獲得（パワーメント）する必要があります。人びとは、生きるためには、周囲に働きかけ、活動するなかで、多様な課題あるいは問題状況をみずからの意志と判断にもとづいてコントロール（制御）することによって、自己組織的に生活を形成し、維持し、発展させる力ないし性能、すなわち自律生活力を獲得し、向上させせなければなりません。さきにもふれたように、人びとには、まずは、生物学的な存在として誕生した人類が社会的な存在になる過程、心理学や社会学でいう社会化とよばれる過程を歩むことが求められます。

このような社会化の過程において獲得される基本的で、生活の機軸になる力、性能を自立力とよぶことにします。人びとは、まず家族や近隣社会、やがては学校その他の社会的な集団や組織からなる社会システムと接点をもつことを通じて、身体的、心理的な自立を達成します。つぎに、人びとは、労働市場や消費財市場などの経済システムと接点をもち、交互作用を繰り返すことによって、日常生活を生きるために必要とされる生活資料や生活サービスを取得し、自己の生命と活力を維持存続させ、さらにはその世代的な再生産を行う（子を産み、育てる）力を獲得します。加えて、人びとは、一定の条件のもとに政治システムと接点をもち、選挙行動や社会行動その他の手段を通じて、総体社会の政治過程に参画します。また、規範システムと接点をもち、出自の社会に一般的な生活の習慣や慣行、文化を内在化し、あるいは新たに創造する活動に参画することになります。自立力は、生命を維持し、日常生活を営み、人生を形成する基本的な力であり、性能です。その意味において、自立力は、人びとの自律生活力のなかで、その中核、機軸を構成する力、性能にほかなりません。

4 自律生活力の構成

人びとの自律生活力は、すでに一度ふれましたが、この意味での①自立力（インディペンデンスパワー）を中心に、②自存力（サステナンスパワー）、③結縁力（ネットワーキングパワー）、④対処力（コンピテンスパワー）、⑤回復力（レジリエンスパワー）という五通りの力、性能という要素によって構成されています。自存力、結縁力、対処力、回復力は、いずれも①の自立力の一部として、あるいはそこから分化されるかたちで、形成される力、性能です。②の自存力は、それぞれの年齢、性別など条件に応じて取得された自立力を前提に、環境的その他の要因が生活にもたらす影響、負荷にたいして、所与のレベルにおいて、従前の生活の質量を維持し、護ろうとする力、性能のことです。③の結縁力は、人びと相互のつながり、結びつき、すなわち生活の協同あるいは生活のための協同の基礎、基盤となる生活関係を構築し、維持しようとする力、性能です。④の対処力は、生活上に課題や負荷が形成されたときに、人びとが、みずからの意志と判断にもとづいて対処の方法を講じ、課題を解決し、あるいは負荷を克服する力、性能のことです。⑤の回復力は、生活上の課題や負荷によって生活に緊張や瓦解の危機が生じたときに、あるいは生活を維持しえない状況に陥ったときに、困難を克服して従前の生活に復元し、あるいは新たな生活のありようを形成し、構築しようとする力や性能、すなわち生活再建の力であり、性能です。これらの力、性能、特に結縁力以下の力、性能はいずれも、人びとが社会的な存在として生活を保全し、維持存続させ、発展させるうえで重要な意味をもっています。

5 自律生活力のレベルと内容

これらの自律生活力を構成する力、性能は、まずは生活の主体である個々人の属性として捉えられます。しかし、それらは、個々人のもつ身体的、心理的な属性による規定に加え、生活の単位となっている家族（世帯）の人数、性別、年齢、健康、生活の物質的な基盤を取得する職業、職種、所属する階層や組織、日常的に接触し、内在化される価値観や文化などの諸条件の影響のもとに形成されます。その意味では、個々人のもつ自律生活力には、家族のもつ自律生活力が反映されているといってよいでしょう。

自律生活力は、個々人のみならず家族を単位として測定し、評価することが可能です。ただし、家族の自律生活力は、家族構成員の自律生活力の総和、あるいは平均値というわけではありません。家族としての自律生活力は、基本的には生計維持者の自律生活力を中心に、家族構成員の年齢や健康状態、傷病や障害の有無、程度によって異なります。生計維持者が一般的、平均的な自律生活力をもっていても、日常的に介護を必要とする家族構成員が含まれていれば、家族としての自律生活力のレベルは低下することになります。家族としての自律生活力は、そのような家族構成員のもつ要素を加味して、総合的に判断することが必要になります。

こうして、自律生活力を構成する自立力、自存力、結縁力、対処力、回復力（以下、自律生活力要素という）の状態、そのレベル（自立度、自存度、結縁度、対処度、回復度）や内容、したがって自律生活力のレベル（自律生活度）や内容は、個人や家族によって多様に異なったものになります。そのような自律生活力要素の状態をレーダーチャート上に表示することができれば、個々人や家族のもつ自律生活力のレベルや内容を的確に把握し、評価することが可能になります。

一般に生活システムというとき、それは個人や家族（世帯）を単位として営まれる生活を前提としています。しかし、生活システムは、さきにもふれましたが、近隣や友人などからなる近隣社会、さらには地域社会を単位とする生活組織についても、同様に形成されます。そこにおいても、個々人や家族の場合と同様に、生活の自律と協同を支える各種の力、性能を測定することが可能です。近隣社会や地域社会を単位とする生活組織についても、基本的には自立力、自存力、結縁力、対処力、回復力の状態を観察し、その自律生活力や自律生活協同力を測定し、評価することが可能です。

6 生活維持システムの展開

図4の「生活維持システムの展開」は、そのような個人や家族、各種の生活組織を単位とする生活システムのうち、総体社会との相互作用のなかで、人びとの自律生活が形成され、機能する状況を生活維持システムの展開図として表示したものです。図4においては、総体社会を構成する四通りの社会組成システムを、生活維持システムをその基盤において支えつつ、同時にそのありように影響を及ぼし、規定する社会的環境として描出しています。もちろん、人びとは、社会的環境にたいして単に被規定的な存在として生活を営んでいるわけではありません。人びとは、社会的環境に規定されつつも、中長期的には、交互作用を通じて社会的環境に働きかけ、それを変容し、変革する存在です。人びとが存在の基盤、日常生活の舞台として形成す

図4 生活維持システムの展開

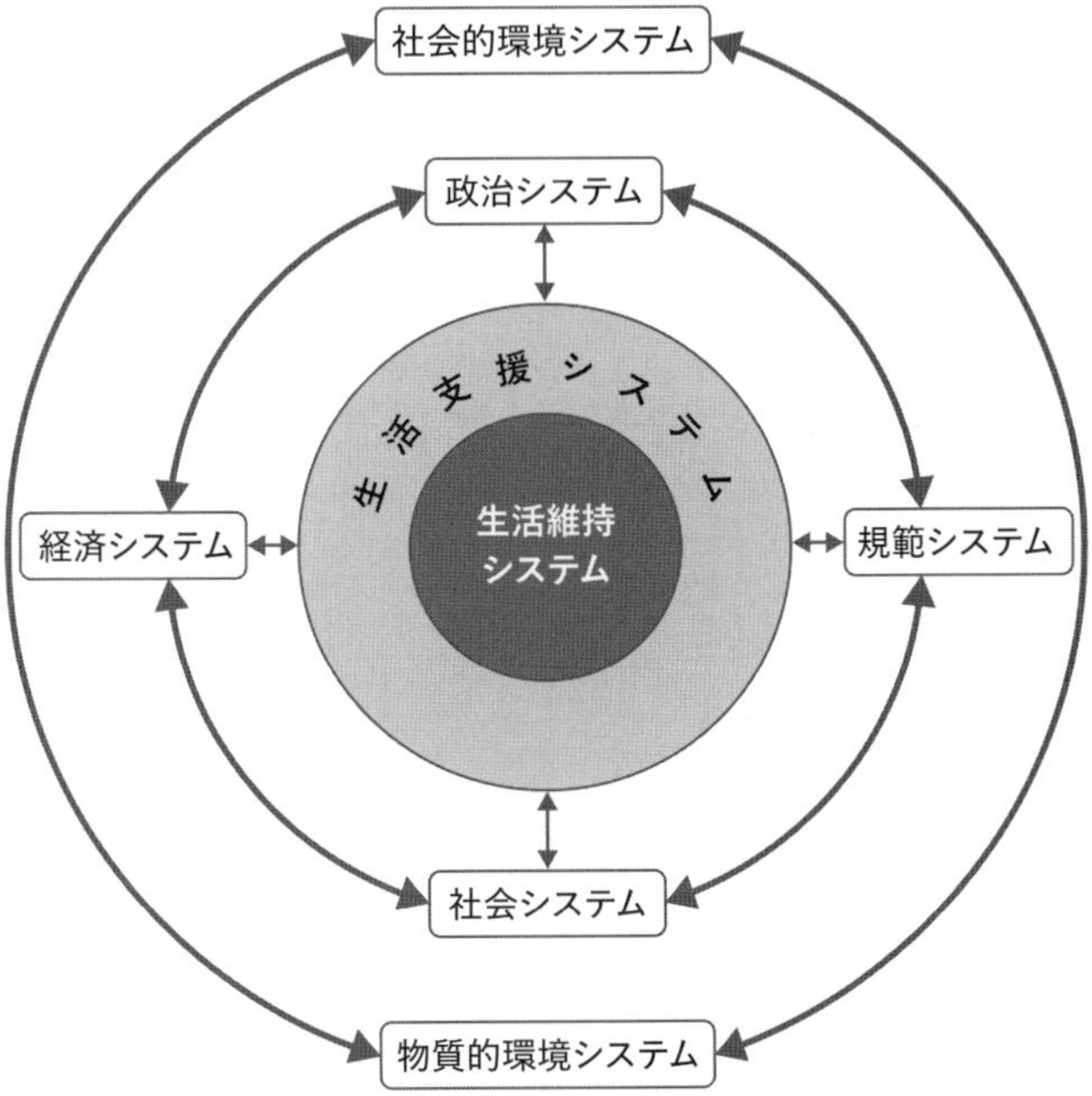

る生活維持システムは、そのことを前提に把握され、理解されなければなりません。

さらに、図4においては、総体社会を構成する要素として物質的な環境が追加されています。物質的環境は自然的環境と人工的環境に区分することが可能です。自然的環境は、地形、河川、海浜、植生など地理や気候など自然的な環境要素に関わる諸条件です。人工的環境は、建造物、街路、電気、上下水道、ガスなどのライフライン、交通機関などの人工的な環境要素に関わる諸条件から構成されています。

自然的環境は、暴風、地震、豪雨のように、しばしば苛烈なかたちで直接的に個人や家族に影響を及ぼし、その生活システムを破壊します。さらに、自然的災害は社会的環境に影響を与え、その破壊や混乱が逆に人びとの生活システムに大きな影響を及ぼすことになります。地球的規模の温暖化の拡大とその災害が懸念される状況において、社会福祉にとっても、自然的環境と生活システムとの関係は今後ますます重要視されることになると思われます。

他方、建造物、街路、交通機関などの人工的環境のありようは、障害のある人びとにとっては、移動や職業の選択など、その生活を直接的、間接的に規定する重要な負荷要因となります。しかも、障害は、人びとの身体的、精神的な状況そのものではありません。身体的、精神的な機能の状況と物質的環境や社会的環境との関数として捉えられるべきものです。その意味において、障害は、物質的環境、そして社会的環境によってもたらされる障壁として理解される必要があります。

第3節 生活支援システム

1 生活維持システムの不調

総体社会を構成する四通りの社会組成システム、すなわち社会システム、経済システム、政治システム、規範システムは、いずれも多様かつ複合的な規定関係のもとに、人びとの生活を可能にし、維持するための基礎、基盤、インフラストラクチャーとして機能する重要な要素、構造物です。どの社会組成システムも、人類史的には、個々人や家族（世帯）による自律的な生活、そして親族、友人、近隣社会などの自律生活協同体の内側に自然発生的に胚胎《はいたい》した機能がさまざまな歴史的な経過と経緯のなかで徐々に自己組織化され、外部化され、社会制度化されたものです。その限りにおいて、どの社会組成システムも、個々人や家族の自律生活、あるいは親族、友人、近隣などを含む自律生活協同体にとって必要不可欠なシステムです。それらは、生活の保全、維持存続、向上に順機能的に寄与するシステムとして形成されてきました。

しかし、どの社会組成システムも、それが自己組織化され、外部化し、社会制度として形成され、機能する過程において、それぞれに一般的、普遍的な構造や機能をもつことになります。また、一部においては、構造の歪みや一部機能の肥大化、極大化など、生活に負荷を与えるような状況が形成されます。こうして、社会組成システムのありようは、しばしば人びとの生活にたいして逆機能性をもつことになります。

他方、それぞれの社会組成システムにとって、その客体となる個人、家族、世帯、あるいは近隣社会——以下、生活主体という——の側にも、年齢、性別、健康、身体的能力、知的能力、意志判断能力、生活の習慣や慣行、価値意識など、多様かつ複雑な条件が存在します。それぞれの社会組成システムが一般的に設定する理念型的な客体像に合致する人びと、たとえば自己完結的な社会人、経済人や政治人などの存在は、実際には限られています。多様なかたちで個人差、個体差が存在します。むしろ、それが一般的です。

2 生活支援システムの形成

こうして、それぞれの社会組成システムと生活主体とのあいだに、齟齬や不調和、葛藤が形成されることがあります。たとえば、労働力の販売（求職）と購買（雇用）、生活資料の販売（供給）と購入（消費）、参加と制限（規整）、受容と排除などの、相互規定的、輻輳《ふくそう》的な相互関係を媒介項として、生活の不安、不利、支障、困難、不能、不健康や傷病、社会的な差別や排除、暴力や虐待、逸脱や犯罪などの多様かつ複雑な社会問題や生活問題が形成されます。

こうした状況にたいして、総体社会は、近現代社会の長い歴史と経緯のなかで、社会問題や生活問題を軽減緩和し、あるいは回避し、生活主体の生活を保全、維持存続させ、最終的には総体社会それじたいの保全、維持存続、発展をはかるために、さまざまな生活支援施策を社会的、公共的な施策として形成してきました。それらの施策の総体が生活支援システムです。社会福祉はそのような生活支援システムを構成する社会的生活支援施策の一部として成立し、発展してきました。

われわれの課題は、そのようにして近現代社会において形成されてきた社会福祉について、その基本的な性格と特性、成立の背景と契機、存立の論理、構造と機能を抽出し、その意義を明らかにすることにあります。以下、その議論を進めるにあたり、生活支援システムを構成する社会的生活支援施策群を社会福祉とそれ以外の施策群に区分し、後者の社会福祉以外の社会的生活支援施策群を一般的生活支援施策とよぶことにします。

一般的生活支援施策は、(a)制度規整的施策、(b)国民涵養的施策、(c)市場補完的施策、(d)環境整備的施策に分類することができます。(a)制度規整的施策は、社会組成システムが一般的に期待する国民（施策の客体＝利用者）としての要件を欠いている、あるいはそれが低位な状況にある人びとにたいして、それらの要件を補完し、あるいは補強することを目的とする施策群です。人権擁護施策、司法施策、判断力低位者施策などがこれに含まれます。(b)国民涵養的施策は、国民国家を構成し、それを支える国民、とりわけ勤労者や兵力となる国民に必要とされる健康状態や体力、知識や技術の獲得、維持存続、強化を目的とする施策群です。健康施策、保健施策、医療施策、教育施策、育成施策などがこれに含まれます。(c)市場補完的施策は、労働力、生活資料や生活サービス、住宅などの市場原理主義的な需給関係に起因する弊害を規整することを目的とする施策群です。雇用施策、所得施策、住宅施策などがこれに含まれます。(d)

環境整備的施策は、自然的環境や人工的環境による生活の混乱や破壊、障壁を除去緩和し、国民生活の安心、安定の促進を目的とする施策群です。被災者施策、まちづくり施策などがこれに含まれます。

これらの一般的生活支援施策は、比喩的にいうと、総体社会を構成するそれぞれの社会組成システムとのあいだに展開される一般的、あるいは平均的な交互作用をもってしては生活の保全、維持存続を確保することが困難な、あるいは期待しえない人びとにたいするセーフティネットとして機能する施策です。

つぎの論点は、それでは、社会福祉は、そのような一般的生活支援施策にたいしてどのような位置関係において存立しており、いかに機能しているかということです。

第4章

社会福祉の基本的性格

第1節　社会福祉と一般的生活支援施策

1　社会事業の古典的規程

社会福祉と一般的生活支援施策との関係に論及した古典的な言説に、一九五〇年に社会事業研究所がパリで開催された国際社会事業会議に提出した社会事業の概念規定があります。もちろん、この概念規定は社会福祉と一般的生活支援施策との関係について考察することを目的にしたものではありません。しかし、そこにはここでの論点に関わって興味深い文言が含まれています。すなわち、この概念規定は、社会事業を、社会保険、公衆衛生、教育などの一般対策と「ならんで、またはそれを補い、あるいはこれにかわって」、不特定の個人や家族に保護、助長、処置を行う社会的な組織的活動と規定しています。この社会事業研究所による概念規定の要点は、社会事業が一般対策にたいして並立性（ならんで）、補足性（補い）、代替性（かわって）をもつ施策であるということにあります。概念規定にいう社会事業は、社会福祉の前身、先駆形態です。一般対策は、われわれのいう一般的生活支援施策に置き換えて捉えることができます。そうすると、社会福祉の基本的な性格は、それが一般的生活支援施策にたいして並立性、補足性、代替性をもつところに求められることになります。

2 孝橋正一の補充性と代替性

この社会事業研究所による社会事業の概念規定は、第二次世界大戦後のわが国における社会福祉学研究の起点になったといって差し支えないでしょう。まず着目してほしいのは、社会福祉の補充性と代替性です。周知のことですが、孝橋正一は、社会事業（社会福祉）は社会政策にたいして補充的、代替的な位置関係にあると主張しました。その根拠は、社会政策が社会問題の根幹を形成する労働問題に対応するのにたいして、社会事業はその労働問題から関係的派生的に形成された社会的問題に対応するということにありました。社会事業は、孝橋によって、その前身となる救貧施策や慈善事業の時代を含めて、資本主義国家の基幹的な政策としての意義をもつ社会政策を補充し、あるいはそれを代替する施策ないし事業として位置づけられました。この規定は、わが国における社会福祉学の研究に大きな影響を残しています。

3　一番ヶ瀬康子の固有性

これにたいして、社会福祉の並立性、つまりそれ以外の一般的生活支援施策と区別しうる固有性を重視したのは一番ヶ瀬康子でした。一番ヶ瀬は、社会福祉を世帯（家庭）のなかで営まれる労働力の再生産過程において形成される生活問題（姿かたちとしては孝橋の社会的問題に照応します）に対応し、対処する固有な施策として把握しています。その論拠は、社会政策が労働市場における労働力の需給関係、売買や消費（就労）の過程において形成される労働問題に対応する施策であるのにたいして、社会福祉は家庭（世帯）のなかで営まれる労働力の再生産過程において形成される生活問題に対応する施策であるというところに求められています。もちろん、一番ヶ瀬も社会福祉が一般的生活支援施策にたいして補充性や代替性をもつことを認めていないわけではありません。しかし、一番ヶ瀬による議論の核心は、社会福祉のもつ並立性にあります。つまり、社会福祉は、他の一般的生活支援施策にたいして、それらに並立しうる固有な施策であるということの論証、そしてその根拠となる独自性を解明することにあります。

4 社会福祉のL字型構造

われわれは、このような先行研究の議論を踏まえつつ、社会福祉と一般的生活支援施策との関係を社会福祉のL字型構造として捉えてきました。図5の「社会福祉のL字型構造」を参照してください。まず、図5の構成について説明しましょう。図5には、社会福祉をはじめとしてたくさんの施策が並んでいますが、その全体を社会的生活支援施策といいます。生活支援システムを構成する施策群です。つぎに、その社会的生活支援施策を、社会福祉とそれ以外の施策とに区別し、後者の施策群を一般的生活支援施策とよぶことにします。図5のねらいは、先行研究にいう社会福祉の並立性に相当する領域、図でいえば社会福祉が他の施策と並立している部分をアルファベットのL字の縦棒の部分に、一般的生活支援施策を補充し、あるいは代替する領域をL字の横棒の部分になぞらえ、視覚化することによって社会福祉と一般的生活支援施策との関係をより構造的に、かつより理解しやすいかたちにおいて把握できるようにしたことにあります。

図5　社会福祉のL字型構造

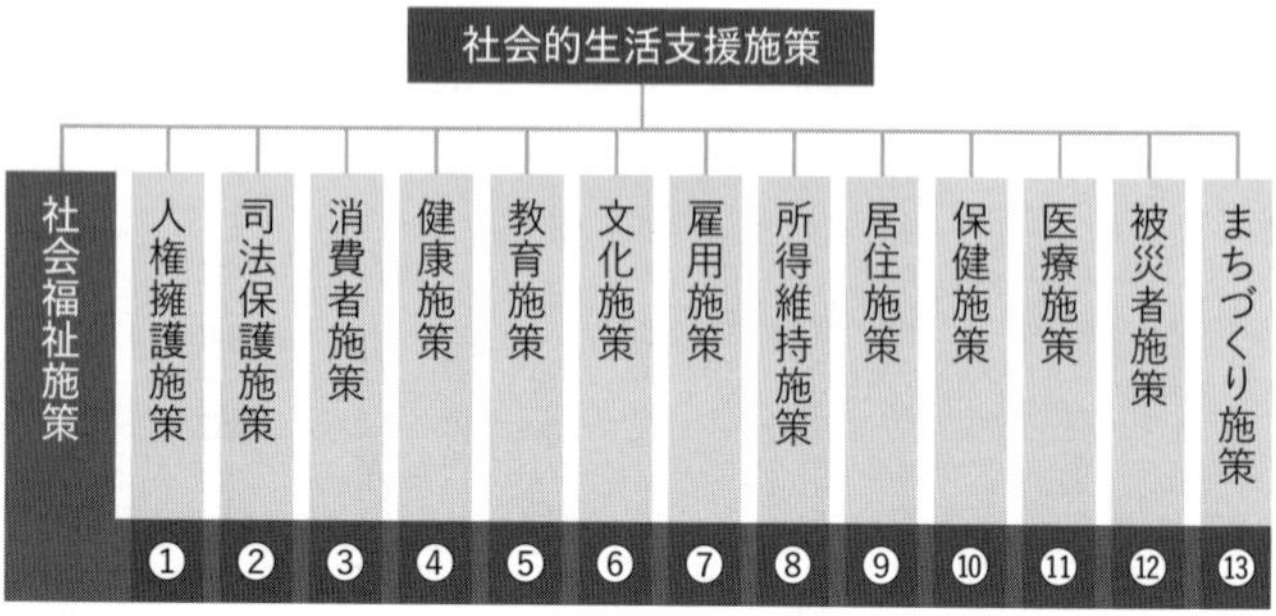

※横棒部分の例示

①人権生活支援＝被差別支援／虐待支援／権利擁護／法律扶助

②司法保護生活支援＝司法福祉／更生保護／家事調停

③消費者生活支援＝高齢者・未成年消費者支援

④健康生活支援＝健康相談／高齢者スポーツ／障害者スポーツ

⑤教育生活支援＝障害児支援／病児支援／学習支援／
スクールソーシャルワーク／教育扶助

⑥文化生活支援＝児童文化支援／障害者文化支援／福祉文化支援／
レクリエーションワーク

⑦雇用生活支援＝高齢者・障害者・母子・若年者・ホームレス就労支援

⑧所得生活支援＝生活保護／児童手当／児童扶養手当／特別児童扶養手当

⑨居住生活支援＝低所得者住宅／高齢者・障害者・母子住宅／
ケア付き住宅／住宅改良

⑩保健生活支援＝育児相談／妊産婦相談／精神保健福祉相談／難病相談

⑪医療生活支援＝低所得者医療／医療扶助／医療ソーシャルワーク／
精神保健福祉

⑫被災者生活支援＝災害時要援護者支援／生活再建／生活相談／
災害ボランティア活動／コミュニティ再生

⑬まちづくり生活支援＝福祉のまちづくり／つながり支援／社会参加支援／
ユニバーサルデザイン

われわれのここでの目的は、社会福祉をそれ以外の一般的生活支援施策と区別し、それらの施策と並立する、独自の、固有性のある施策であると主張することのできるような根拠、そしてその根拠を支える論理を明らかにするということにあります。われわれは、その手掛りとして、社会福祉のもつ固有性を、①領域としての固有性、②アプローチ（接近方法）としての固有性、そして③支援方法としての固有性の三通りに区分することにしています。この三通りの固有性のうち、①の領域としての固有性は、ⓐ本来的・並立的固有性とⓑ先導的・相補的固有性に、②のアプローチとしての固有性は㋐個別的・統合的アプローチと㋑連携的・開発的アプローチに、それぞれ区別することが可能です。

第2節 領域としての固有性

1 本来的・並立的固有性

まず最初に、社会福祉の本来的・並列的な固有性です。

かつて、社会福祉が、歴史的、淵源的に対応してきた生活課題、たとえば生活の困窮やそれに関連する、あるいはそこから派生する、住居の不備、不潔、疾病、不就学、障害、寝たきりなどの問題状況は、個別的かつ専門的な一般的生活支援施策が充実していけばおのずと解消され、縮小するものと考えられていました。大河内一男などは、将来的に社会政策（雇用施策や所得維持施策）が充実した後には、国民の生活は改善され、それまで貧困問題に対処してきた社会福祉（社会事業）は徐々に縮小し、社会教育や文化活動などを内容にする施策に変化するという議論を展開しています。しかし、実際には、そのようにはなりませんでした。

たしかに、わが国においても、高度経済成長期に入り、所得維持施策や医療施策などの一般的生活支援施策が拡充されるなかで、従来の日々日常的に生活に難渋するという絶対的な貧困は縮減しました。しかし、それに代わって、新しい貧困とよばれる状況が出現してきました。また、経済的な生活と関連しつつも、寝たきり高齢者問題のように、購買力の提供という手法だけでは対処することの難しい、あるいは対処できないような新しい生活問題（課題）が形成され、社会的公共的な対応が求められるようになっていきました。

社会福祉が対応している生活問題の根幹には、独力では自足的な生活を可能にするだけの生活資料や生活サービスを確保することができないという基本的な問題が横たわっています。たとえば、単身の児童、高齢者、障害者、無業者、ホームレス、引きこもりなどのように、日常的に生活資料（衣食住）を確保する手段（稼得能力）や（就労の）機会を欠いている人びとの場合がそうです。それに加えて、身辺の介助、保育、養護、介護、療育、療護などの家族による日常的な生活サービス（役務）を必要とする人びとが多数含まれています。その一方において、少子化や高齢化、核家族化、単身化などにともなう家族の構造や機能の変化、過密や過疎、転勤などによる人口の移動や地域的な生活関係の縮小化などにともない、生活サービスを提供し、自律生活を支えるべき生活関係の希薄化、脆弱化が進行していきました。

しかも、人びとの生活にはさきに言及したような分節性と全体性、統合性という構造があり、生活の混乱や危機は、分節を越えて互いに影響しあい、多様化、複合化し、高度化します。そうした生活問題は、居住地、居宅、家族の存在を支援提供の前提とする所得維持施策、医療施策、教育施策などの、課題ごとに特化され、専門分化された一般的生活支援施策だけでは十分に対応することができません。家族や同居者がいても、家庭内の虐待や暴力、引きこもり、徘徊などのように、家族の生活関係そのものが不安、緊張、混乱の源泉になっているような生活問題についてはなおのことです。一般的生活支援施策を充足させるだけでは十分な対応が期待できません。

そのような、家族の有無や構成、居宅の有無や状況などの生活の根幹に関わる要因を内包する生活課題には、社会福祉による対応が求められます。それが、社会福祉にとっての本来的な領域です。個別的に専門分化した一般的生活支援施策では対応することができません。そして、社会福祉による適切な対応がなされることによって、逆に一般的生活支援施策による対応も効果的なものになります。

こうして、生活の根幹に関わる生活課題に対応することは、社会福祉にとっては、それに本来的な独自の領域であり、かつ一般的生活支援施策にたいしては、本来的・並立的な領域だということになります。

2 先導的・相補的固有性

つぎに、社会福祉の先導的・相補的固有性です。

わが国においては、社会福祉の存在意義や特性は、社会福祉それじたいについてというよりも、一般的生活支援施策には属さない施策（政策や事業、活動）、一般的生活支援施策によっては対応することのできない課題に対応する施策として議論されたことのほうが多かったように思います。他のものには含まれない施策、それが社会福祉であるという、いわば消去法的な議論の組み立てかたです。研究史上、社会福祉が社会政策を機軸に、それを代替し補充する施策として論じられてきたことのスティグマとでもいうべきでしょうか。

しかし、みずからの力で生活に必要な衣食や住宅（生活資料）、保育や養護、介助や介護（生活サービス）をえられない人びとにたいする互助的な活動や社会的な支援は、宗教家による慈善や政治権力者による救恤という支援の形態を含めていいますと、すでに古代、中世の時代にはじまっています。鰥寡孤独（妻のない夫、夫のいない妻、孤児や子のない老人、寄る辺のない独り者）の困窮者は、古代社会以来、抑制的、救恤的なかたちにおいてであれ、宗教者あるいは政治権力者による慈善活動や救貧事業の対象とされてきました。

そうした人びとにたいする慈善的、政治権力的な救済は、中世、近世の社会においても微弱ながらも継承され、近現代、それも一九世紀末から二〇世紀初頭の世紀転換期になって、失業、貧困、傷病、衛生、住宅などに特化した社会的、公共的な支援事業が国家による施策として発展することになります。そのような施策は、淵源的にいいますと、近世、近代以来の原初的、選別主義的な慈善活動や救貧事業、萌芽的な共済事業を継承したものでした。しかし、それらは、慈善事業や救貧事業、共済事業の単なる量的な拡大や発展ではありません。一部の施策は、専門特化された目的と方策手段をもち、かつ普遍主義的一般的に運用実施される施策として、たとえば初等教育や社会保険のように、慈善事業や救貧事業、また共済事業から分離し、外在化され、個別に社会制度化されていきました。

ただし、一般的生活支援施策の登場によって、伝統的な慈善事業や救貧事業、救済事業が消滅してしまったわけではありません。救貧施策に関しては、支援の方法が施設保護から居宅保護に切り換えられ、児童施設の小規模化、里親制度の導入などの一定の改善が行われました。また、それ以外に、児童虐待防止や妊産婦にたいする保健サービス、学童にたいする保健サービスや給食サービスなどの新しい事業も加わりました。貧困者にたいする金銭的な救済活動から切り離された慈善事業は民間の相談援助機関として科学化、専門職化します。こうして、一般的生活支援施策とは別に、改善された慈善事業や救貧事業、そこから分離、分化された保護事業、新たに登場してきた保健サービス事業の総体としての社会事業が成立し、それがやがて社会福祉に展開します。そのような経緯のなかから誕生し、継承されてきた特性が、われわれのいう社会福祉の先導的な固有性です。

こうした歴史的な背景のなかで、社会福祉と一般的生活支援施策との関係をみると、生活支援施策の一定の部分は、慈善事業、救貧事業、共済事業などの社会福祉の先駆形態を淵源としつつ、そこから派生的に分化、独立し、普遍主義的、一般的に運用、実施される施策として社会制度化されたものです。その意味において、社会福祉は、一般的生活支援施策にたいして先導的な固有性をもったことになります。

その一方において、社会福祉は、一般的生活支援施策が成立した後においては、その存在を前提に運用、実施されることになります。逆に、一般的生活支援施策もまた、社会福祉の存在を前提に運用、実施されることになります。一例をあげれば、社会福祉の一部である公的扶助は、一般的生活支援施策である所得維持施策（失業保険や年金保険）の存在を前提にしています。逆に、所得維持施策は、困窮者一般に対応する公的扶助を前提に運用、実施されています。こうして、社会福祉は一般的生活支援施策にたいして先導的・相補的な関係において固有性をもつことになります。

第3節 アプローチとしての固有性

1 個別的・統合的アプローチ

さらには、社会福祉支援のアプローチ（接近方法）にみられる固有性です。その第一は、個別的・統合的アプローチということでした。

この社会福祉のアプローチにみられる固有性は、生活それじたいのもつ構造や機能、そしてそれを反映する生活問題の特性に関わっています。繰り返しになりますが、社会福祉が対応する生活問題の基本的な特性は社会的起原性です。つまり、社会的に形成され、社会的に存在し、社会的な対応を必要とすると社会的に認められた問題です。しかし、そのような生活問題の担い手は、日常的な生活実態のレベルでいいますと、個人や家族（世帯）、あるいは近隣社会です。われわれは、生活問題がその担い手である個人や家族、近隣社会のレベルで覚知され、何とかするべき状況として認識されるとき、そのような問題状況を生活課題とよぶことにしています。

生活課題は、担い手の年齢や性別によって、あるいは家族内のポジションによってさまざまなかたちをとります。その内容や形成の要因や過程に留意してもう少し一般的にいいますと、生活課題は、生活主体（個人、家族、近隣社会）のもつ自律生活力（自立力・自存力・結縁力・対処力・回復力）の状態と、それぞれの生活主体の生活に不調や危機をもたらしている生活負荷要因の関数として形成されます。したがって、生活課題の内容は、生活主体のもつ自律生活力の状態と生活負荷要因の種類や状態、つまり質や量によって、多様な内容とかたちをとることになります。社会福祉は、そのような生活課題の多様性にたいして個別的に、すなわち個々の生活主体と生活課題の個々の状況に留意した個別的なアプローチを展開します。

他方、社会福祉による支援には、統合的なアプローチが求められます。さきに、われわれは、生活にみられる特徴の一つとしてそれが亀甲構造をもつことに言及しました。つまり、人びとの生活は、基本になる衣食住というそれぞれの領域に加えて、健康、心理、学業、仕事、趣味、友達や近所とのつきあいなど、多様な領域に分節しています。それらの領域は、基本的には、それぞれが独立しています。しかし、同時に、それぞれの領域は相互に影響しあい、規定しあうという関係にあります。人びとの生活は、そのような輻輳《ふくそう》的な諸領域の全体として成り立っています。

こうして、生活課題は、はじめは健康、学業、あるいは仕事などの独立した領域（分節）の内側で形成されたものであったとしても、やがて近接する領域に浸潤していき、ついには互いに輻輳しあい生活の全体に波及することになります。生活の全体にかかわるような問題に発展するような例も多々みられるわけです。

社会福祉には、そのような状況に対応するためには、発端になった生活課題のみならず、近接する生活領域への影響、さらには生活の全体的な状況を視野に入れた包括的かつ統合的な対応のしかたが求められることになります。生活が家族（世帯）単位で営まれているような場合には、発端は家族の誰かに起こった生活の危機であっても、しばしば家族全体の生活が巻き込まれることになります。同居している祖父や祖母が認知症を発症したということになれば、医療費の負担が増え、家族の衣食も圧迫され、介護に手をとられて幼児の世話もままならないという状況が起こりうるわけです。このような生活課題にたいしては、生活課題の態様に即した個性的なアプローチとともに、家族の生活の全体に着眼した多様な一般的生活支援施策と連携し、協働する包括的、統合的なアプローチが必要となります。

2 連携的・開発的アプローチ

このような、包括的、統合的なアプローチを展開しようとすると、一般的生活支援施策との連携や新たな資源やサービスの開発という視点をもつアプローチが不可欠のものとなります。多様で、複合し、高度化した生活課題については、社会福祉による支援だけでは十分な成果をあげることができないからです。

多様で、複合し、高度化した生活課題については、社会福祉だけで対応することは難しい、難しいというよりもむしろ不可能だということです。先程は認知症になった高齢者の問題を取りあげましたが、児童虐待問題などもそうです。児童虐待という生活課題は被害者である子どもの問題として発見されるのが一般的です。虐待による影響は子どもの身体や心理に影響を及ぼすだけではありません。学童であれば、学業にも影響が及びます。さらに、虐待の加害者は親（保護者）であることが一般的であることから、被虐待という生活課題は家族生活の全体に関わる問題になります。実際、虐待には収入の不安定や困窮、親の職場への不適応、さらには近所づきあいなどの多様な要因が関わっているという指摘がなされています。

このような問題状況に対処しようとすれば、社会福祉だけでは十分ではありません。教育、医療、所得、住宅、雇用、司法（警察）などの関連する一般的生活支援施策を活用した支援のありよう、すなわち多分野横断的なアプローチが必要となります。そこでは、必要とされる施策間の調整、連携、協働などを内容とする連携的なアプローチが求められます。具体的には、社会福祉を推進する専門職者は、教師、医師、看護師、保健師、あるいは心理カウンセラー、職業カウンセラーなどの多様な専門職と調整、連携、協働しつつ生活課題の解決、軽減、緩和にあたる、ということになります。もちろん、社会福祉が常にそのような多分野横断的アプローチの中心的なアクターになるわけではありません。医師や看護師、あるいは教師が中心的な役割を担うということもありうることです。しかし、歴史的にも、実際的にも、社会福祉はそのような連携的なアプローチを本来的な役割、領域としてきたといって過言ではないでしょう。

実際、社会福祉は、その歴史を通じて、本来的にそのような役割を担う専門職として発展してきたのです。社会福祉は、社会資源を活用するということを重要視してきました。社会福祉は、他の関連する専門職を含め、多様な社会資源を活用することによって、生活課題の解決、緩和軽減にあたる施策、事業、活動であるとみなされてきましたし、そのようにみずからを規定してきました。その意味において、社会福祉には、多分野横断的アプローチにおいて中心的な役割をもつことが期待されます。

さきに、一般的生活支援施策は社会福祉にとっては社会資源であるといいましたが、もちろんのこと社会資源は一般的生活支援施策だけではありません。たとえば、宗教的な事業である寺院や神社の施設（建物や設備）が地域福祉活動の拠点として活用されていれば、その施設は社会福祉にとっては社会資源を意味します。そのような活用のしかたを含め、社会福祉にとって、社会資源は重要な意味をもっています。しかも、既存の施策や施設を活用するということで終始するわけではありません。既存の施策や施設で生活課題の解決、軽減、緩和を実現することができないときには、既存施策の拡張や改善、さらには新たな施策の導入を求め、社会的に働きかけることが求められます。新たな社会資源を開発するという活動が必要となります。これが、社会福祉の開発的アプローチです。あるいは、社会福祉の開発的機能といってもよいでしょう。

第4節　支援方法としての固有性

1　歴史的な背景

社会福祉の三つめの固有性は支援方法としての固有性です。

歴史的にみると、社会福祉の方法は、院内救済（インドアリリーフ：施設入所による救済）から院外救済（アウトドアリリーフ：居宅による救済）、現物給付（ベネフィットインカインド）から現金給付（ベネフィットインキャッシュ）に変化してきました。

このような支援方法の変化は生活課題の内容と関わっています。かつて、三浦文夫は、生活課題（福祉ニーズ）を貨幣的ニーズと非貨幣的ニーズに区分し、社会福祉による支援は貨幣的ニーズから非貨幣的ニーズに移行しつつある、非貨幣的ニーズが拡大しつつあると指摘しました。この指摘は、貨幣的ニーズが貨幣にたいするニーズ、非貨幣的ニーズが貨幣以外のものにたいするニーズと理解され、批判の的となりました。しかし、一般的な所得をもつ個人や家族であっても、高齢や障害、虐待や暴力などによる生活課題については、必要とされる生活資料や人的サービス、なかでも後者の介助や介護などの人的サービスを確保することは容易ではありません。社会福祉による生活支援が必要となります。そのような生活課題が三浦のいう非貨幣的ニーズです。超少子高齢社会化の進行、家族の縮小、単身化、虐待、引きこもりなどにより、非貨幣的なニーズが増加し、福祉サービスの必要性が拡大する傾向にあります。

新しい変化もあります。近年、子ども、障害者、高齢者にたいする差別や虐待が拡大してきたことにともない、行政組織、企業、団体などを含め社会の全体にたいして、人権の尊重、擁護、合理的配慮、差別や虐待の禁止を求める施策が導入されています。子どもにたいする虐待を防止し禁止する施策は第二次世界大戦以前にさかのぼりますが、その見直しを含め、社会的な啓発や規整を意図した施策が展開されています。

こうしたことから、生活支援の方法は、大別して、①社会的啓発と規整、②購買力（現金）の提供、③生活資材の提供に区分されます。さらに、③生活資材の提供はⓐ生活資料の提供、ⓑ人的サービスの提供、Ⓒシステム的サービスの提供に区分されます。

2　社会的啓発と規整

社会的啓発と規整には、行政、企業を含め、社会全体にたいして障害のある人びとにたいする差別の禁止や合理的配慮の拡大を求める働きかけ、あるいは子ども、高齢者などにたいする虐待を防止し、禁止する活動の浸透を求める社会的啓発の施策と、不適切な行為や虐待を見聞きした国民や医師などにたいする通報、通告の責務を求める社会規整的な施策が含まれています。一般的生活支援施策のなかにも、社会的な差別や排除をうけやすい人びと、人権が損なわれやすい人びとにたいして、人権を擁護し、保障することを目的とする人権擁護施策が含まれています。しかし、それらの人権擁護施策は、国民一般にたいするより一般的、包括的な施策です。社会福祉による社会的な啓発と規整は、それを補い、より一層深め、具体化した措置といえるでしょう。

3　購買力の提供

購買力の提供は、生活を維持するのに必要な資材（生活資料や生活サービス）を市場において取得するうえで必要な購買力を金銭（貨幣）というかたちで提供する方法です。これには、少し視野を広げていいますと、二つの方法があります。第一には、あらかじめ一定の期間保険料を拠出することを前提に、高齢や失業など一定の条件（保険事故）に適合する状況になったときに、一定額の金銭を年金や手当として支給するという手法です。社会保険の制度は、この方法を中心に構成されています。

第二に、公的扶助や社会手当とよばれる支援の方法です。公的扶助は、保険料などの事前の拠出を前提とせず、最低生活の維持が困難ないし不可能な状態にあることを資格要件として、一定額の金銭を提供するという手法です。支給ないし提供される金銭の額を決定する基準は、社会保険は従前生活水準ですが、公的扶助は最低生活水準です。公的扶助は、わが国の制度の名称でいえば生活保護ですが、健康で文化的な最低限度の生活を保障することを目的にしています。社会手当には児童手当、特別障害給付金などが含まれます。社会保険と違い、事前の拠出を必要としません。しかし、貧困や困窮を前提にしているわけではありません。その意味では、公的扶助と異なっています。原則として所得の有無や水準に関わらず、子どもの養育や障害などにともなう生活課題への対応を目的としています。

4　生活資料の提供

つぎに、生活資材の提供です。生活資料の提供は、衣食や生活機器などを現物（現品）のかたちで提供する支援の方法です。歴史的にみると、かつて社会福祉の支援は、救貧院や労役場などのいわゆる収容施設への入所を前提に行われてきました。そこでは、衣食という生活資料と介助、養育、療育などの人的サービスが同時的、一体的に提供されていました。このような施設入所というかたちでの支援方法は、一九世紀末、商品経済が発展し、生活資料が市場で購入できるようになったこと、施設入所という抑制的、抑圧的な支援のしかたにたいする批判が高まってきたことから、居宅（在宅）を前提に金銭を支給するという支援方法に改められました。こんにちにおいては、公的扶助（生活保護）は現金給付が原則になっています。

5　人的サービスの提供

人的サービスの提供は、生活支援サービスの一部あるいは全部を人的サービス（専門職員による労働作業＝役務）というかたちで提供する生活支援の方法です。具体的にいいますと三つのタイプがあります。第一のタイプは、保育所で提供される保育サービスです。第二のタイプは、養護、療護、介護などとよばれる生活型の施設において提供されるレジデンシャルワーク（ケアワーク）です。第三のタイプは、相談援助機関や地域社会で提供されるソーシャルワークとよばれるサービスです。これら三通りのサービスに共通していることは、それらが人の働き、役務として提供されるということです。実態的には三つのタイプが重なりあう機会や領域は限られています。施設の数、職員数などからみて、一番領域が大きいのは保育サービスです。歴史的にみて古いのは、養護、療護、介護などのレジデンシャルワークです。救貧施設の登場とともにはじまった生活支援の方法ですが、児童、障害者、高齢者など施設のタイプごとに発展してきましたので、それがネックになって一般化は実現していません。

ソーシャルワークは歴史的、淵源的にはイギリスやアメリカの慈善組織協会における友愛訪問活動や慈善団体の組織化に端を発し、わが国においては第二次世界大戦後の生活保護を中心とする社会福祉の制度改革（戦後福祉改革）を契機に組織的に導入されました。それ以後、さまざまな曲折を経て、社会福祉の各領域において、相談援助などを中心に、生活支援の科学的専門的な知識や技術として活用されるようになりました。また、医療、保健、教育などの一般的生活支援施策の領域においても、生活支援の知識や技術として活用されています。

6 システム的サービスの提供

最後に、システム的サービスです。購買力（現金）を提供するという支援方法は、支援をうける人びとが、市場において生活維持に必要な生活資料（衣食住）をみずからの意志と判断によって取得し、管理する能力をもっていることが前提になります。身辺処理、食事の準備、住居の維持管理など、日常的に暮らしを維持できるだけの能力をもっていることが前提になります。単身の子ども、高齢者、重度の高齢者など、そうした能力が十分に期待できない人びとにたいしては衣食住と養育、介護、療護などの人的サービスを一体的に提供する生活（居住）施設による生活支援が必要になります。われわれは、このような支援方法を現物の提供と人的サービスが一体化されて提供されるサービスという意味でシステム的サービスとよんでいます。

近年においては、システム的サービスは、経費がかさむこと、高齢や障害があっても地域のなかで自立した生活を希望する人びとが増加してきていること、縮小される傾向にあります。しかし、他方においては、一般的な所得を有していても、独力で必要かつ適切な人的サービスを確保することのできない複雑で高度な生活課題をもつ家族が増加する傾向にあります。それだけに、逆に、専門的なシステム的サービスの提供にたいする期待は増大しています。

ところで、もちろん、人的サービスを中心的な支援の内容とする社会的生活支援施策は社会福祉以外にも存在しています。たとえば、教育、保健、医療などがそれにあたります。教育、保健、医療などは、それぞれに専門的な知識や技術を要する高度な人的サービスです。しかし、そうした個別に専門化した人的サービスを個々別々に提供するだけでは、複雑に錯綜した高度な生活課題にたいして十全に対応することはできません。それらを活用しつつも、日常的な暮らしを支える支援、つまり最低生活費の提供、家事サービス、養育、介助、介護などの生活保持サービス、生活関係の混乱や歪みによる虐待や暴力などに対応する生活基盤の再建や生活関係の修復のためのサービスなど、生活の全体を整え、支えることに特化した人的サービスやシステム的サービスが必要となります。そこに、社会福祉による人的サービスやシステム的サービスの専門性と固有性が認められます。

第5節　社会福祉と一般的生活支援施策の交錯

最後に、社会福祉と一般的生活支援施策が交錯するところ、つまりL字型構造の横棒にあたる領域について若干のパターンを例示し、理解を深めることにしたいと思います。

1　補完――公的扶助と所得維持施策

さきにふれたように、歴史的には、生活困窮者への対応は、長いこと宗教家や篤志家による慈善事業やその時々の政治権力者による救貧事業という形態で実施されてきました。それが、一九世紀末から二〇世紀にかけての世紀転換期になると、国家的施策としての失業保険や年金保険が登場し、これに置き換えられます。かつての慈善事業や救貧事業は、失業保険や年金保険などの所得維持施策を前提に、それを補完するかたちで金銭による居宅扶助方式の救貧施策に転換されます。こんにちにいう公的扶助の前身です。このような経過を前提にいいますと、社会福祉の一部分としての公的扶助は、世紀転換期以前においては失業保険や年金保険などの所得維持施策を代替し、それ以後においてはさまざまの事情で所得維持施策の適用から除外された、あるいは所得維持施策によってしても最低限度の生活を維持できない困窮者にたいする施策、つまり、所得維持施策を補完する最終的な救貧施策として機能することになります。逆にいいますと、失業保険や年金保険は、公的扶助の存在を前提にすることによって、拠出の強制や一定の拠出期間を要件とする防貧施策としてこれを設計し、運用することが可能になります。

2

代替──障害児施設と特別支援教育

一九世紀の後半になると、先進資本主義国において、そしてわが国においても、国民にたいして一定期間の就学を義務づける施策、義務教育の制度が導入されます。国民国家形成の要件となる国民の涵養《かんよう》を目的とした施策です。ただし、国民の涵養といっても、その実質は、わが国の例でいいますと、殖産興業、富国強兵をめざす労働者と兵力の育成を目指す施策です。そのため、障害のある子どもたちについては、就学の義務が免除されました。子どもたちの側からいいますと、就学の機会が閉ざされたことになります。この状態は、戦前はもちろんのことですが、第二次世界大戦後においても、特別支援学校への就学が義務化されるまで継続させられました。

この間、障害のある子どもたちの教育は、事実上、肢体不自由児施設、精神薄弱児通園施設、精神薄弱児施設などの児童福祉施設によって担われてきました。もちろんのこと、これらの障害児施設は教育のための施設ではありません。障害その他の理由により在宅で生活できない、あるいは家族では必要な療育が期待できない子どもたちを受け入れる児童福祉施設です。そのような児童福祉施設が、施設における生活指導の一環として、障害児にたいする教育を担ってきました。つまり、障害児施設は、本来、学校において実施されるべき障害児教育、こんにちの特別支援教育を代替する機能を果たしてきたのです。

3　相補――医療福祉と医療施策

ケガや病気で病院を受診する、あるいは入院するということになると、医療費の負担のみならず、その影響は生活の全体に及ぶことになります。その間の事情は、生活の分節性や全体性、統合性について検討した際にも言及しました。ケガや病気は一般的生活支援施策でいいますと保健施策や医療施策の対象ですが、ことはそれだけでは済みません。ケガや病気の影響は、医療費、仕事のこと、介助の態勢、家族生活への影響など生活の多様な分野、領域に及ぶことになります。逆に、そのような影響による生活の不安や困難が、ケガや病気の治療に影響します。

また、長期にわたる受診や入院のために就労の機会を持てなかった人びとや障害をかかえることになった人びとの生活を再建するには、治療の方針や療養の形態など医療サイドとの協力、連携や調整が欠かせません。そのため、これまでにも、社会福祉と医療施策は相互に相補うかたちで活動を進めてきました。そして、社会福祉と医療施策が交錯する医療福祉とよばれる分野を発展させてきました。一部の病院には、医療福祉が病院機能の一部を担う独立した部局として組織化され、位置づけられています。

4 先導──福祉避難所と被災者支援施策

わが国は阪神・淡路大震災をはじめ度重なる地震や洪水など、国民の生活を脅かす災害によって甚大な被害を被っています。そうしたなかで、被災者の避難生活さらには生活再建の過程における社会福祉の役割が着目されるようになってきています。二〇一三年の災害対策基本法の改正により、災害復興と社会福祉の連携の手始めとして、市町村にたいして社会福祉施設の一部を高齢者、障害者、乳幼児その他の特に配慮を必要とする人びとの二次的な避難所として指定することが義務づけられました。社会福祉施設の施設設備と機能が被災者支援の施設として法的に位置づけられたことになります。この改正は、社会福祉にとっては活動領域の拡張を意味しています。もちろん、社会福祉は、それ以外にも、ボランティア活動の調整、管理など、社会福祉専門職による被災者支援活動を展開しています。被災者福祉という新たな分野への発展が期待されるところです。

第5章

社会福祉の存立構造

ここまで、社会福祉の成立、展開の基盤、そしてその基本的な性格をどのように捉えるか、その視点、枠組について検討してきました。この章での課題は、その議論を踏まえつつ、社会福祉は何ゆえに、いかなる理由によって成立し、存在するのか、その理由、根拠を論理的、理論的に考察することにあります。

このことについては、これまでにも、多数の先達によって議論が行われ、さまざまの言説が提起されてきました。こんにちにおいても、精力的に新たな研究が展開されています。ここでは、そのような議論、言説を踏まえつつ、社会福祉の成立過程や存立構造に関する議論を概括的に提起することによって、社会福祉について理解を深める手掛かりを提供したいと思います。

第1節　社会福祉史分析の枠組

多少話が前後しますが、この章において最終的に意図しているのは、社会福祉はなぜこんなにちのような姿かたちで存在しているのか、その背景と理由、そして論理を明らかにするということです。そのためには、社会福祉がいかにしてこんにちの姿かたちにおいて存立することになったのか、その経過や経緯を知る必要があります。ただし、社会福祉の成立、展開の過程が明らかになれば、そのことによって直ぐにも社会福祉が存立する理由やその論理が明らかになるというわけではありません。逆に、社会福祉に関する理論研究の発展がなければ、社会福祉の歴史研究も進展しません。ここでは、まず、そのような理論研究と歴史研究の関係、両者の交錯を前提に、社会福祉の歴史をどのように捉えるのか、その方法と枠組について整理することとし、その作業の延長上において社会福祉の成立と展開の過程を概観することにします。

1　わが国の社会福祉史研究

周知のように、わが国の社会福祉史の研究は、一九六〇年代から七〇年代にかけて吉田久一、一番ヶ瀬康子、高島進などの先達によって基礎が築かれてきました。そこには、要約しますと、三通りの視点がみられます。第一に、社会福祉の歴史を近代以前の慈善的活動にはじまり、それが近代初期の慈善事業、中期の感化救済事業、近代後期の社会事業、そして現代における社会福祉に展開してきたとする視点です。第二に、そのような展開のありようを資本主義という経済システムを機軸とする資本主義社会の展開の過程に対応する変化として理解するという視点です。第三には、そのような社会福祉の発展、展開は、初期における民間の個人や団体による宗教的な色彩の濃い活動や事業を中心とする形態から、しだいに多様な政治権力、最終的には国家による施策として展開される施策に発展してきたとする視点です。

もちろん研究ですから、歴史の捉えかたにも研究者によって異なる部分があります。たとえば、吉田は、使いはじめが科学的なコンテクストではないという理由から、社会福祉という言葉を使用することに難色を示しました。高島は、社会事業以前の慈善事業から感化救済事業を慈善事業として一括し、社会福祉は慈善事業、社会事業、そして社会福祉という三通りの段階を経て発展してきたと主張する三段階発展論を唱えました。しかし、そのような微妙な違いを含みつつも、さきに三通りに整理した研究の視点は、こんにちの社会福祉史の研究にほぼ定着しており、基本的な分析枠組を構成しているといってよいでしょう。

2 新たな枠組の構築

表2の「社会形態の展開と社会福祉」は、そのような社会福祉史の分析枠組を踏まえつつ、そこに三通りの新たな視点を組み込んだ枠組です。第一に、社会福祉の展開基盤となる社会システムという視点を導入し、それを歴史的社会を通じてそれらを底流とする基層社会である自律生活協同体を基盤に、近代以前の共棲社会、近代初期の共同社会、中期の利益社会、後期の協同社会（宥和社会と協調社会）、そして現代の乖離社会（格差社会と縮小社会）に区分しました。第二に、経済システムとしての資本主義の展開を生成期と発展期からなる初期資本主義期、金融独占期と国家独占期からなる成熟期資本主義期、そして一九八〇年代以降の後期資本主義（ポスト資本主義）期に区分しました。第三に、社会福祉の展開過程を、まず近代以前の慈善活動、近代初期から中期にかけての救済事業、一九世紀末期から二〇世紀前半にかけての社会事業、中葉以降における社会福祉に区分し、そのうえで救済事業に慈善事業、救貧事業、共済事業、社会福祉に国家型社会福祉、多元型社会福祉、自助型社会福祉という下位区分を導入しました。

わが国では、イギリスやアメリカを社会福祉の先進国ないし典型国として位置づけ、両国における社会福祉の成立、展開のありようを比較の基準、あるいは分析の基準として、社会福祉の歴史を研究してきました。そこには、わが国の社会福祉もいずれの時期にかイギリスやアメリカのそれにキャッチアップする、キャッチアップさせたいという期待も秘かに込められてい

表2 社会形態の展開と社会福祉

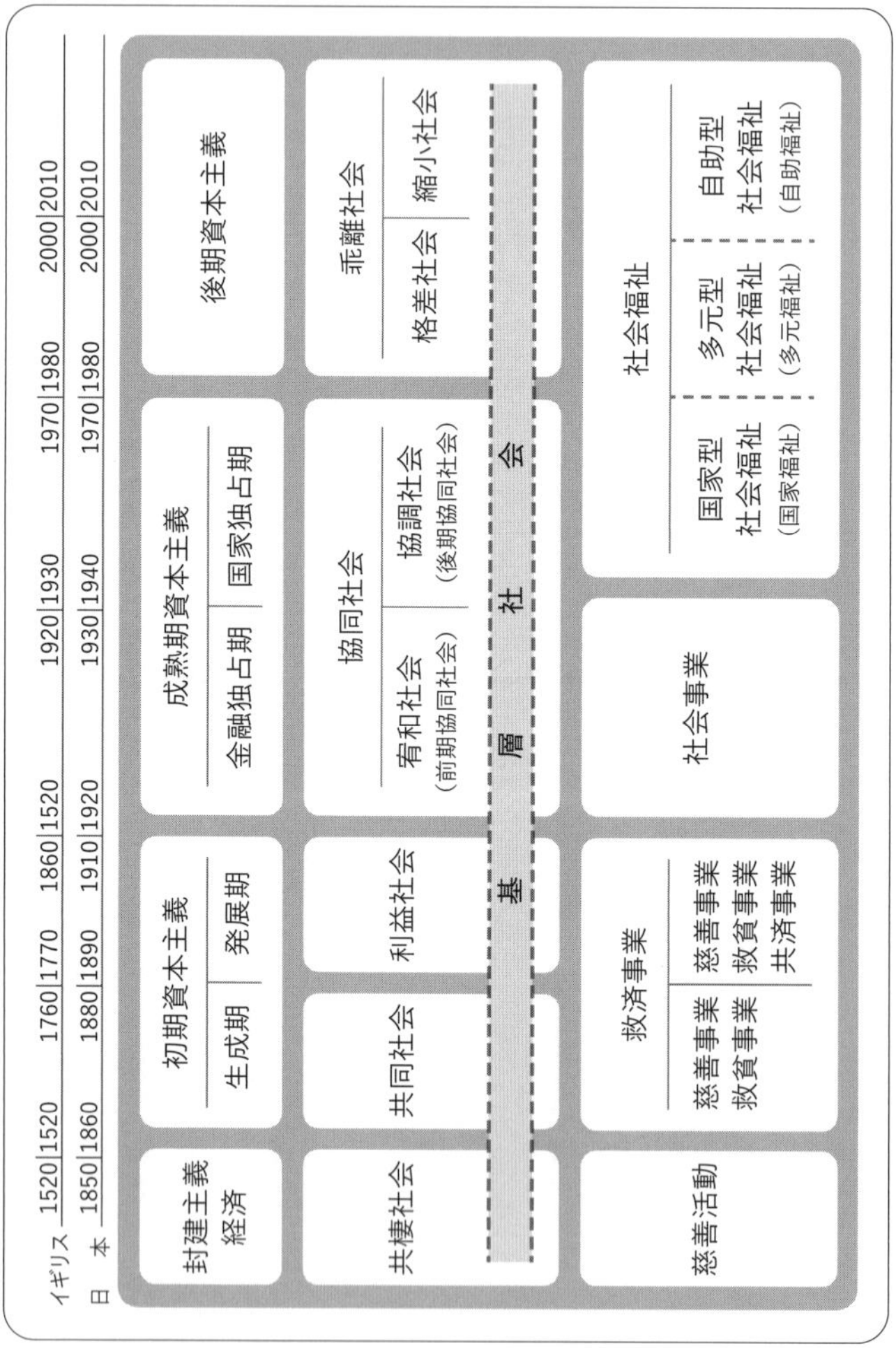
イギリス 1520 1520 1760 1770 1860 1520 1920 1930 1970 1980 2000 2010
日本 1850 1860 1880 1890 1910 1920 1930 1940 1970 1980 2000 2010
封建主義経済
初期資本主義
生成期
発展期
成熟期資本主義
金融独占期
国家独占期
後期資本主義
共棲社会
共同社会
利益社会
協同社会
宥和社会
（前期協同社会）
協調社会
（後期協同社会）
乖離社会
格差社会
縮小社会
基層社会
慈善活動
救済事業
慈善事業
救貧事業
慈善事業
救貧事業
共済事業
社会事業
社会福祉
国家型社会福祉
（国家福祉）
多元型社会福祉
（多元福祉）
自助型社会福祉
（自助福祉）

りました。もちろん、イギリス、アメリカとわが国では、社会福祉が成立した時期も内容も異なります。しかし、そのズレ、タイムラグを考慮しつつ大まかにいいますと、イギリスやアメリカにおいても、そしてわが国においても、一九世紀の後半から二〇世紀の初頭の世紀転換期に社会事業が成立し、それが二〇世紀の中葉から第二次世界大戦後の福祉国家志向の時代に社会福祉に展開します。そして、一九七〇年末から八〇年代を分水嶺とするポスト福祉国家の時代に、その社会福祉が変容しはじめます。つまり、一九世紀末以降の社会福祉史展開の契機は、第一には社会事業の成立であり、第二にはその社会福祉への展開、そして第三にはポスト福祉国家期における社会福祉の変容です。

表2の「社会形態の展開と社会福祉」は、そのような社会福祉の展開を仮定して作成されています。もちろん、社会福祉の歴史は、社会福祉にかかる活動や事業、施策、関与した人物の事跡、支援の方法などに関する史実をただ時間軸上に列挙すれば、それで明らかになるというものではありません。それらの史実がどのように形成されてきたのか、いかなる要因や条件によって形成されてきたのか、相互にどのように結びつき、どのような結果、影響を残したのか、それらのことを明らかにする必要があります。そのためには、社会福祉の成立、展開の過程をその基盤となる総体社会の構成要素、すなわち表2に含まれている社会システム、経済システテ

ムに政治システム、規範システムを加えた四通りの社会組成システムと関連づけ、分析しなければなりません。そのことは、つぎの節以後に幾分か詳細に考察することになります。

3　社会福祉史における社会と国家

ところで、表2の表題は「社会形態の展開と社会福祉」となっています。社会福祉における社会システムのもつ重要性を示唆したものです。ここでは、そのことについていま少し議論を重ねておきたいと思います。一九世紀末から二〇世紀初頭の社会事業の成立に関して、池田敬正は、その時期に起こった「社会の発見」が重要な契機となったと指摘しています。社会の発見という言葉は、一般的には、社会を対自的に捉え、社会の全体を一度自分自身と切り離し、社会のありようと、そのなかでの社会と自己との関係を客観的、論理的に認識できるようになることを意味しています。

多少具体的にいいますと、雇用や自営によって生活する階層の人びとが、みずからの生活の困窮やその苦痛を社会との関係において、さらにいいますとそれを資本主義社会という経済システムのありように結びつけて理解し、その解決を求めて社会に働きかけるようになったということです。その一方において、一部の開明的な資本家や知識人、宗教家たちが貧困に代表される諸問題を低賃金や寡少所得などの社会経済的な要因によってもたらされる問題、すなわち社会問題であることをみいだし、社会による解決を求めるようになります。社会の発見の二つの側面です。

われわれは、さらに三通りの変化をつけ加えたいと思います。第一に、産業革命を契機とする資本主義の確立がもたらした利益社会のなかで賃金による雇用という社会的な身分によって生活の協同性から切り離されてきた人びとが、雇用者としての生活のなかでみずからを組織化し、連帯して新しいかたちでの生活の協同性を取り戻そうとして行動しはじめ、そのことを通じて社会を発見したということです。第二に、社会の発見が起こった一九世紀の後半は、国民国家の形成の時期と重なっています。王侯や貴族、聖職者の私的な領地とそこに隷属する人民という支配関係が崩壊し、一定の国土（領土）とそこに居住する国民（民族）から構成される国民国家の形成がめざされるようになりました。そのなかで、国土に居住する人びとの全体が一つの社会を構成する存在として認識され、国民としてその求心力を高揚させる施策が必要とされはじめました。第三に、そのような過程において、国家もまた発見されました。国民国家の形成、発展が志向されるなかで、王侯や貴族、聖職者の意志、利害の執行機関であった国家

（政府）は、徐々に王族や貴族、聖職者、そして新興の中産階級である資本家たちからなる上層社会と雇用者や小商人、零細な農民を中心とする下層階級の利害の対立や緊張を調整緩和し、国民のすべてを構成員とする社会総体の求心性と統合性を高め、社会体制の維持存続をはかるという新しい役割と機能を期待されるようになってきました。

このような「社会の発見」と「国家の発見」は、歴史的社会にその基層として通底する生活協同体をよびさまし、その活性化、自己組織化、そして発展として協同社会が形成されます。そこに、社会事業成立の契機が求められます。

第2節　社会政策と社会事業

1　国家の政策としての社会事業

明治維新によって近代国家として成立したわが国の政府は、明治の初期、一八七四年に抑制的、制限救済的な恤救規則を制定したものの、社会体制の根幹にかかる転換、経済の資本主義化にともなう国民生活の困窮にたいして何ら積極的な対策を講じようとしませんでした。社会の近代化、資本主義化が進み、国民の不満、社会不安の高まりに対応するかたちで帝国議会が成立してからも、政府提案や議員による貧困救済法案が数次にわたって廃案に追い込まれるという状況が続きました。

明治末期の、日露戦争後の厳しい不況、労働争議などによる社会的緊張が高まるなかにおいても、救貧にまさる善後策として防貧が掲げられ、国民にたいする感化、あるいは風化を通じて親族協救、隣保相扶による自助の強化を求める感化救済事業が推進されました。そうしたなかで、政府は、一九一七年に内務省に救護課を設置し、一八年に社会課に改称し、さらに二一年にはそれを外局としての社会局に発展させ、明治末年以来の労働組合運動、社会主義運動、米騒動に象徴される社会問題の拡大に対処することにしました。わが国における社会事業は、この時期、このような背景のなかで成立したとされます。さらに、一九二九年には、施行は三年後に延引されることになったものの、貧困の救済を国家の責務とみる公的扶助義務主義を前提に、明治初期の恤救規則以来の救貧施策となる救護法が制定されました。

こうした一九二〇年代を画期とする国政の大きな転換、国政における「社会の正当化」を、論理的、理論的にどのように合理化し、従前の抑制的な救貧行政との整合性をいかに確保するのか、政府にとって実に大きな問題、課題です。そのことは、社会局を中心に新たな社会行政を担う官僚たちにとって、また過酷な労働や生活の困窮に関わる社会問題に関心をもち、社会政策や社会事業に関与した、あるいはそれを推進しようとしてきた研究者たちにとっても、まさに喫緊というに値する課題でした。

2　社会政策と社会事業――批判と継承

新たな社会行政を担った内務官僚たちによる社会有機体説に依拠した社会事業理論の展開や、昭和初期のマルクス主義的な社会経済理論に依拠して展開された社会問題や社会政策に関する勢力論的な言説の提起は、その間の事情を物語っています。そうしたなかで、その後のわが国における社会事業に関する理論的な研究に多大な影響を及ぼし、そこに一定の方向性を与えることになったのは、周知のように、一九三八年に提起された社会政策を専攻する大河内一男によって提起された社会事業に関する理論と、第二次世界大戦後にそれを批判的に継承し、発展させた孝橋正一によって提起された社会事業に関する特徴的な議論でした。

大河内と孝橋によって提起された社会事業に関する理論の決定的な特徴は、社会事業を論じるにあたって、社会政策を資本主義制度の根幹に据え、それを規準に、社会事業を社会政策を代位（代替）し、あるいはそれを補完（補充）する施策として位置づけたことにあります。このような、社会政策と社会事業の位置関係、端的にいいますと社会政策を主とし社会事業を従とする言説は、大河内や孝橋の理論を継承するにしても、それを批判して異説を展開するにしても、あるいは無視するにしても、その後の一九五〇年代から七〇年代にかけてのわが国の社会福祉学の研究に、見過ごすことのできない、決定的ともいえるほどの影響を及ぼしてきました。また、こんにちにおいても影響を及ぼしています。

大河内や孝橋の社会事業に関する理論的な研究には二つの隘路《あいろ》が含まれています。第一の隘路は、大河内や孝橋による社会事業の理論においては、社会政策が前提的に規準、中心にあるものとして扱われ、社会事業はそのような社会政策を代位（代替）しあるいは補完（補充）する施策として位置づけられ、そのことによって社会事業の地位が正統化されているということ、そのことにあります。第二の隘路は、そのことのゆえに、大河内や孝橋の社会事業論は、社会事業以前の慈善事業や救貧事業を社会事業理論の枠内に適切に、あるいは的確に組み込めていない、ということにあります。

3　大河内一男の社会事業論

繰り返しになりますが、大河内や孝橋が社会事業に関する理論を立ちあげるにあたって機軸に据えているのは、社会政策とよばれる一連の施策です。大河内は、まず、社会政策が歴史的に資本主義の一定の発展段階において国家による政策として位置づけられる経過と理由について、そしてその必然性について、明らかにしています。つぎに、そのような社会政策との関係において、社会事業を位置づけ、その性格を明らかにします。大河内によれば、労働者に備わる労働力は、資本主義経済にとって基本的かつ不可欠な生産的な要素です。それを確保できるかどうかは、資本主義制度の維持存続にとって看過することのできない重大な関心事です。失業、低賃金、過重労働などの労働力の販売や消費の過程にかかる諸問題の存在は、そのような不可欠の生産的要素である労働力の順調な確保、再生産を脅かすことになります。

たしかに、雇用を継続し、賃金を引き上げ、労働条件を改善するうえで必要な経費を負担することは、個々の企業にとっては、直接的に利益を損なう要因となりえます。しかし、個々の企業、すなわち個別資本の利害を尊重するだけでは、労働力の担い手である労働者の生活は破壊され、結果的には資本主義制度の存続が脅かされることにもなりかねません。そのため、資本主義制度は、みずからの保全、維持存続をはかるためには、個別資本の利害を越えて、総資本の観点に立って、労働問題に対応せざるをえません。こうして、そのような総資本の意志の執行機関としての国家による合理的、合目的的な政策として、社会政策が成立します。

これにたいして、社会事業の対象となる窮乏、孤児、母子、廃疾、傷病、老齢などの生活上の諸問題は、生産的要素としての労働力の維持、再生産、消費という経済的な秩序、循環から一時的に、あるいは永続的に除外された人びとを担い手とする状況です。そのため、資本主義社会においては、それらの諸問題は、宗教的な慈善事業や、政治権力による抑制的、救恤的な救貧事業による対応があればそれでよいとみなされます。

実際、社会政策成立の以前においては、慈善事業や救貧事業、さらにイギリスにおいては上層の労働者による共済事業（友愛組合）が、やがて成立することになる社会政策を代替してきました。しかし、新たに社会政策が成立したといっても、その社会政策をもってすれば経済秩序外的な人びとの担う生活上の諸問題を含め、すべての社会問題に適切に対応できるというわけではありません。困窮児童、傷病者、障害者、高齢者、寡婦などの生活に関わる諸問題については、社会政策――具体的には労働政策と社会保険――による直接的な対処を期待することができません。

そのため、社会政策が成立した以後は、それらの社会政策が取り残す諸問題については、社会政策と同時に成立し、登場した社会事業が社会政策を代替し、補充するかたちで対応することになります。

第二の隘路は、そのような社会事業の性格や成り立ちについての議論のなかにあります。簡潔にいいますと、それでは、その社会事業は一体どこから出現したのかということです。大河内による社会事業の成立の経緯や論理に関する説明をみると、社会事業は、実質的には、従前の慈善事業や救貧事業を継承するもの、それらが再構成されたものとして扱われています。ただし、大河内は、慈善事業や救貧事業そのものや慈善事業や救貧事業が社会事業に移行する、あるいは転成する経緯やその論理ついて立ち入った議論を展開しているとはいえません。しかも、その一方において、大河内は、将来的に社会政策が十分に機能するようになったときには、社会事業は、社会的文化的な生活一般を増進するための諸施策 ― 図書館、公園、保健衛生、教育、レクレーションなどを中心とする施策 ― に転化する、発展すると指摘しています。われわれはそこに大河内の社会事業観の一端をみいだすことができます。

このような、社会事業について、国家による労働問題への政策的対応である社会政策を根幹、規準にして、社会政策を代替、補充する施策の体系として捉えるという理論的な研究の方法、すなわち社会政策を媒介項に設定し、そのことによって社会事業を国家による政策として位置づけ、説明するという大河内の社会事業論の方法は、基本的にはそのままのかたちで孝橋に継承されています。

4　孝橋正一の社会事業論

孝橋によって新たに追加された議論の核心は、社会政策の対象を労働問題 ― 社会の基礎的・本質的課題 ― とし、社会事業の対象をその労働問題から関係的派生的に形成される社会的問題 ― 社会における関係的・派生的課題 ― であるとしたことにあります。たしかに、孝橋によることの社会的問題という概念の設定は、社会事業についての理論的な理解を一歩前進させることになったといってよいでしょう。

孝橋は、社会事業を社会にとっての基礎的、本質的な問題である労働問題（社会問題）から関係的派生的に形成される社会的問題に対応し、社会政策を代替、補完する施策であるとしました。このように社会事業の性格づけは、社会事業を資本主義制度の維持存続をめざす資本主義国家の政策として規定するという目的からいいますと、より適合的なものになったといってよいでしょう。しかし、このような孝橋の社会事業理解のなかにも、さきに大河内についてみた二通りの隘路はそのまま引き継がれていきます。

第一に、社会事業を資本主義経済における生産的要素である労働力の保全、確保を目的とする社会政策を基準に、それを代替し、補完する施策とみなすという枠組によって、社会事業の、さらにはその展開形態である社会福祉の全体について、その性格を的確に把握することが可能かどうか、そこには大きな疑問が残ります。一般に、一九世紀末から二〇世紀の初期に成立した児童保護施策や乳幼児・妊産婦保健サービスは、社会事業の一部を構成する施策として捉えられます。これらの施策には、資本主義の生産的要素である将来労働力の確保という側面が認められます。その意味では、社会政策を代替・補充する社会事業の一部というに相応しいと思います。しかし、障害者や高齢者の保護にかかる施策についてはどうでしょうか。労働力の保全、確保をめざす社会政策を代替、補完する社会事業の一部という説明では十分に説得力をもちえません。ちなみに、後に一番ヶ瀬康子は、社会福祉の分野論を展開するにあたって障害者を永続的な欠損労働力、高齢者を衰退した労働力と規定し、そのことによって当事者サイドから厳しい批判をうけることになりました。

第二に、大河内におけると同様に、孝橋においても、社会事業とそれに先行する慈善事業や救貧事業との関係が十分に論じられていません。社会事業の国家による政策としての位置づけ、そしてその論理の解明を重視するあまり、慈善事業や救貧事業については前時代の存在としてもっぱら社会事業との違いを強調することに力点がおかれています。たとえば、孝橋は、慈善事業家が慈善事業に邁進することになった経緯や思想についての研究は、慈善事業家の動機論的な研究ではあっても、国家による政策としての社会事業の成立を説明する議論にはなりえないと主張します。たしかに、理論的にはその通りでしょう。しかし、政策としての社会事業の内実は、現実的、実態的には、従前の慈善事業や救貧事業を継承するものになっています。社会事業と異なった存立の論理をもつ慈善事業や救貧事業がいかにして国家の政策である社会事業に転成するのか、あるいは社会事業として再構成されるのか、その説明は明確かつ的確なものでなければならないでしょう。

第3節　自律生活と自律生活協同体の社会的・国家的組織化

1　慈善事業・救貧事業・共済事業

従来、慈善事業については宗教的慈善心による活動や事業として、救貧事業については初期資本主義期の絶対主義的、家父長主義的な政治権力や成熟期資本主義期の自由放任主義的な政治権力による救済事業として、共済事業については上層の商工業者、農民、労働者による互助的な活動として説明されてきました。このような慈善事業、共済事業や救貧事業は、社会政策や社会事業が成立する以前においては、社会政策や社会事業を代替した事業として位置づけられています。そして、社会政策と社会事業が成立したのちにおいては、共済事業については社会政策に組み込まれ、慈善事業や救貧事業は社会事業を構成する事業に組み換えられ、社会政策を代替したり補充したりする存在として位置づけられることになります。

しかし、このような説明では、慈善事業、救貧事業、共済事業そのものについての説明としても、社会政策、社会事業との関係についての説明としても、不十分というほかはありません。慈善事業、救貧事業、共済事業と社会政策、そして社会事業との関係については、連続と不連続の契機を含む組織化、転成の過程として、一体的、統合的に捉えられ、そのようなものとして説明される必要があります。

2 自発的社会福祉と法律による社会福祉

ここで、岡村重夫による「自発的社会福祉」と「法律による社会福祉」という概念を思い起こしたいと思います。岡村のいう「自発的社会福祉」は、民間の個人または集団が法律による強制や事業の委託によらず「まったく自発的に他人の生活困難を援助する活動」のことを指しています。他方、「法律による社会福祉」は、生活困難にたいする援助の責任が国や地方公共団体にあることを前提に、その制度的な枠組も援助の内容も法律によって規定された事業を意味しています。自発的社会福祉は、共同体のなかの相互扶助や結い、合力などとして、人類の起源とともにある活動や組織のことです。それにたいして、法律による社会福祉は、資本主義経済の一定の発達段階における社会経済的諸条件に規定されて成立した社会福祉のことです。岡村によれば、社会福祉の総体はこの両者によって構成されています。しかし、原理的には、両者は別個のものです。しかも、社会福祉の原点は、前者の自発的社会福祉にあります。そして、そのような自発的社会福祉は、法律による社会福祉が成立したのちにおいても、その狭隘《きょうあい》性や硬直性に対抗し、それを克服するように機能する存在として扱われています。つまり、岡村は、両者の関係について、自発的社会福祉が先行し、それが歴史上の一定の段階において法律による社会福祉に発展したという位置づけのしかたをしていません。こんにちにおいても、自発的社会福祉と法律による社会福祉は並存していることになります。

われわれは、岡村の、自発的社会福祉を法律による社会福祉の起源として位置づけ、しかも法律による社会福祉が一般化した後においても並行して存続し、しばしば法律による社会福祉に対峙する関係に身を置いて、その短所、欠陥に働きかけ、改善をもたらしてきたという見解に特に異論を差し挟もうとするものではありません。しかし、社会福祉（厳密には、その前身としての社会事業）をそれに先行する慈善事業、救貧事業、共済事業が一体的、発展的に再組織化されることによってうみだされた国家の施策として捉えるという観点からいいますと、岡村の自発的社会福祉は、その自発性、内発性、対抗性という基本的な性格の継承を留保条件として認めるにして、近代社会の一定の発展段階において社会的に再組織化されていき、やがては国家の政策としての社会事業に一体的に組み込まれることになったとみる、つまり国家によってその社会事業の一部分として再組織化されていったと考えるのが妥当でしょう。

3 自立と共同の社会福祉

関連して、ここで池田敬正による社会福祉史の言説にもふれておきたいと思います。池田は、歴史家として、社会福祉の歴史を人類史とともにはじまる互助的な活動や慈善的な活動からこんにちの社会福祉にいたるまでの一連の活動、事業、施策を一つの連続体として一体的に把握しようと試みています。そのような社会福祉把握のキー概念になるのが「自立と共同」あるいは「社会共同」です。そして、その根底にあって社会共同を形成し、発展させる契機は、人類史に普遍的な互助性、愛他性（利他主義ないし愛他主義）です。池田は、互助や慈善からこんにちの国家の政策としての社会福祉の歴史を、人間と社会にとっての人類史的な課題である「個の発見」と「社会の発見」を契機とする、自立と共同、社会共同の発現、展開の過程として把握しようとしています。

このような池田の言説には、大河内や孝橋の社会政策を機軸とする社会事業論にみられる歴史認識の方法に対峙しようとする意図が含まれています。池田は、自立と共同、社会共同の理念によって資本主義の維持存続のための政策という論理に対抗しようとしています。

しかし、池田のいう自立と共同あるいは社会共同というキー概念に、社会福祉の歴史的な形成を推進するダイナモ、力動性がどこまで含まれているか、われわれは、その点について懸念せざるをえません。社会福祉の淵源として人類史的な互助性や愛他性に遡及《そきゅう》し、個の発見、社会の発見という人類史的な課題を史的展開の契機、媒介項として組み込むにしても、その構想だけによって社会福祉史の曲折を捉え、理解することは難しいように思います。

4　自律生活と自律生活協同体の自己組織化と防衛

われわれは、このような、岡村や池田による社会福祉理解の言説に含まれる難点を克服するという意味を含め、岡村のいう自発的社会福祉の起源、あるいは池田のいう自立と共同ないし社会共同の起点となっている人びとの互助的な活動を、人びとの自律生活と自律生活協同体の自存（自己保存）的・自己防衛的な力（ダイナモ）ないし性能による自己組織化、自己実現の発現、展開として捉えることを提起してきました。慈善事業、救貧事業、共済事業の形成、発展は、淵源的にはそのような自律生活と自律生活協同体の自己組織化、ついで社会的な組織化、そして最終的には国家による組織化の所産として、これを捉えることが可能です。さきの慈善事業、救貧事業、共済事業の形成、その社会事業への転成、展開は自律生活と自律生活協同体の社会との国家による組織化にほかなりません。

世界で最初に社会事業を成立させたイギリスを例にしていいますと、近世から近代にかけて経済システムとしての資本主義が生成、発展し、成熟するにつれ、自律生活と自律生活協同体を基層とする人間社会の歴史的な形態は、共同社会、利益社会そして協同社会へと変容、展開します。資本主義生成期の共同社会においては、人びとの生活の困窮にたいする対応、生活支援は、可視的な近隣社会である教区を単位に推進されます。支援の方策は、慈善事業と家父長主義的な政治権力による救貧事業（救貧法）です。これらの活動や事業は、その基本において、教区社会の基層にある自律生活と自律生活協同体が教区外から流入する浮浪者や乞食のもたらす危機的状況にたいしてみずからの利害を防衛し、確保しようとして自己組織的に展開した活動や事業でした。その意味において、それらは内向きの、自己組織的な活動であり、事業でした。

産業革命を通じて資本主義が確立し、利益社会が形成される時期になると、自由放任主義、夜警国家政策をとる政治権力によって抑圧的、求援抑制的な救貧事業（一八三四年救貧法）が展開されるようになります。しかし、そのような利益社会の基底において、教区社会の利害を超えた自律生活協同体の防衛的な自己組織化、すなわち社会的組織化が萌芽的に進行します。利益社会の後期になると新興中産階級を寄付金提供者とする世俗的な慈善事業が急速に拡大し、リバプールやロンドンなどの都市を単位とする慈善事業の社会的な組織化（慈善組織協会の形成）が推進されます。その一方において、家父長主義的な地主や開明的な資本家を含む、上層の労働者たちによる自発的、互助的な救済活動としての共済事業（友愛組合や生活協同組合）が登場し、その一部は全国的な規模をもつ組織に発展します。いずれも自律生活協同体の社会的組織化として捉えることができます。

このような資本主義発展期における慈善事業や共済事業の形成、発展は、旧来の歴史的社会としての共同社会が蚕食《さんしょく》され、利益社会化が進展するなかで、その基層に継承されてきた自律生活、自律生活協同体に本来的な自己保存的、自己防衛的な性能、活動を契機とする歴史的社会としての協同社会の組織化、つまり自律生活と自律生活協同体の社会的な組織化として、これを捉えることが可能です。

5 社会と国家による組織化

一九世紀の後半にはじまる協同社会の組織化は、教区社会を基礎とする自己組織的な慈善事業や共済事業の社会的な組織化にとどまりません。そのような可視的な近隣社会を超えた社会の発見と組織化は、労働組合運動、社会主義運動、大学セツルメント運動、さらにはフェビアン協会などの社会組織を主軸に推進されていきます。こうして、個別的にはじまった社会的な活動や運動は、やがて相互に結びつき、輻輳《ふくそう》して拡大し、大きなうねりとなってイギリス社会の全体を覆うように発展します。

そうしたなかで、労働者たちは、個別の労働組合運動や社会主義運動の壁を乗り越え、国会に代表を送り込む議会的社会主義の道を選択し、二一世紀の初頭には労働党を結成することになります。労働組合運動や社会主義運動などによる自律生活と自律生活協同体の社会的組織化の運動は、国会をみずからの目的を達成する手段として位置づけ、国会議員としての活動を通じて国家による組織化をめざすことになります。協同社会の組織化は、労働者たちを中心に、国民が国家をみずからの意志の執行機関として発見し、取り込む行動、過程、「国家の発見」を通じて推進されていきます。こうして、世紀転換期のイギリスにおいて、自律生活と自律生活協同体の自己組織化、社会的組織化、そして国家機構を媒介とする国家的な組織化を通じて、社会事業の基盤となる歴史的社会としての協同社会が成立することになります。

第4節　社会事業成立の構造

1　イギリスにおける社会的施策の展開

さて、ここまでの議論を前提に、社会事業がどのような過程と内容をもって成立することになったのか、改めてその歴史的な経過と経緯を確認しておきましょう。

社会事業は、イギリスにおいては一八七〇年代から一九二〇年代にかけて、わが国においては一九一〇年代末から三〇年代にかけて成立しました。この時期、世紀転換期には、イギリスにおいても、またわが国においても、労働者の失業、低賃金、過重労働などの労働問題や貧困、多子、虐待、非行、栄養不良、不衛生などの国民生活の混乱や困窮に対応する諸施策が多数成立しています。さきに設定しておいた社会政策と社会事業に関わる第一の論点、社会政策を代替し、あるいは補充する社会事業という社会事業把握の方法に関わるため、その内容と成立の経過について改めて確認することにしましょう。

イギリスでこの時期に成立した施策には、大幅な改正が行われたものを含めますと、義務教育法（一八七〇年）、労働組合法（七一年）、乳幼児生命保護法（七二年）、工場法（七四年改正）、公衆衛生法（七五年改正）、雇主責任法（八〇年）、疾病予防法（八三年）、児童虐待保護法（八九年）、労働者階級住宅法（九〇年改正）、労働者賠償法（九七年）、失業労働者法（一九〇五年）、労働争議法（〇六年）、学童給食法（〇六年）、学童保健法（〇七年）、無拠出老齢年金法（〇八年）、児童保護法（〇八年）、最低賃金法（〇九年）、職業紹介所法（〇九年）、国民保険（健康保険・失業保険）法（一一年）などがあります。これらの施策と並行して、救貧行政の一部が改革され、現金給付による居宅保護が実現します。児童施設の小規模化、地域化、里親制度への移行、救貧施設の高齢者施設化、高齢者施設化なども徐々に進行していきます。

2 わが国における社会的施策の展開

わが国においては、一九一九年の内務省社会課、二二年の社会局（外局）の設置以降、職業紹介法（一九二一年）、健康保険法（二二年）、少年法（二二年）、工場労働者最低年齢法（二三年）、労働争議調停法（二六年）、救護法（二九年）、労働者災害扶助法（三一年）、少年教護法（三三年）、児童虐待防止法（三三年）、方面委員令（三六年）、母子保護法（三七年）、社会事業法（三八年）などが制定されていきます。その傍ら、民間の団体による社会事業（私設社会事業）も整備されます。従来の慈善事業を継承する民間社会事業施設は国によって組織化され、国による規整の下に、公費による助成をうけるとともに、社会事業行政の一部を受託することになります。また、関東大震災を契機に、公営住宅も設置されはじめます。住宅政策の萌芽です。

3 社会的施策の多様性

　これらの、世紀転換期にイギリスにおいて成立した施策群は、いずれも社会改良、社会の改善、改革をめざした施策です。この時期に成立した施策は、大別して、⑴労働組合の結成、団体交渉、罷業、低賃金、劣悪な労働条件などに関わる諸施策、⑵傷病、失業、退職後の生活に関わる諸施策、⑶生活困窮者、孤児や棄児、母子、虐待、非行などにたいする諸施策、⑷教育、公衆衛生、学校保健、公営住宅などに関する諸施策の四通りに区分することが可能です。⑴の施策群は、労働市場における労働力の価格（賃金）や就労の条件関わる施策、いわゆる労働政策です。⑵の施策群は、産業革命期にはじまる共済事業を部分的に継承した、労働者、雇主、国による事前の拠出によって生活の窮乏化を予防し、防止する社会保険です。⑶の施策群は、従来の慈善事業、救貧事業を継承する事後的な救貧事業と年齢や心身機能の状態など被保護者の属性ごとに専門分化した保護事業です。⑷の施策群は、従来の慈善事業や救貧事業から枝分かれして専門分化した事業、あるいはそれらと並列する関係において成立、発展してきた新しい施策群です。

わが国の社会政策を軸にした社会事業論においては、これら四通りの施策群のうち、⑴の労働政策と⑵の社会保険が社会政策として扱われ、⑶の救貧施策・保護施策が社会事業として位置づけられています。⑷の施策群については、社会政策や社会事業の外側に位置する関連施策として扱われてきました。それらは、部分的に言及されることはあっても、社会政策が充実し、一定の生活水準が確保されるようになれば、改めて言及する必要のない施策群として扱われてきました。

これらの世紀転換期に成立した施策群のうち、社会政策を構成する労働政策は労働者一般を対象にし、社会保険も労働者を中心に国民一般を対象にする施策です。また、社会保険は国民一般の生活の窮乏、混乱に対応する施策として、制度の建て付けとして事前対応型、防貧型の防貧施策として設計された施策です。それにたいして、社会事業は、国民のなかでも貧困階層に属する人びとを限定的に対象とする施策であり、事後対応型、救貧型の救貧施策として設計された施策です。

4 社会政策機軸論の狭隘性

これらの事情に焦点化すれば、社会政策を機軸的な施策として位置づけ、そのこととの関連において社会事業を論じるという、大河内や孝橋に特徴的な理論構成が理解できないというわけではありません。それ以外の教育や公衆衛生、住宅などに関する施策が議論の外におかれているることについてもそうです。しかし、それにもかかわらず、社会政策が充実すれば社会事業やその他の社会的な施策の必要性が消滅するというわけではありません。扶養者や介助者のいない孤児、傷病者、障害者、高齢者などの要保護者については、現金（購買力）の提供と同時に、人的サービス（役務）による生活サービスの提供が必要とされます。虐待や非行、寝たきりなどの要保護者には専門的な、一般の商品市場においては取得することのできない生活サービスが必要とされます。また、貧困層の子どもや障害のある子どもには、そのことに配慮した教育的な支援が必要であり、住居のない要保護者には住宅の提供が必要です。疲弊した貧困地域の生活支援には上水道や下水処理の整備など衛生環境の改善が必要とされます。

一九世紀末から二〇世紀の初頭にかけて形成されてきた社会的、公共的な諸施策において、労働者の労働や生活にかかる諸問題に対応する施策が中心的、機軸的な位置にあることはたしかです。しかし、さきに四通りに分類した多様な施策群はいずれも、相互に関わりあい、密接に依存しあっています。そのことに着目すれば、社会政策を機軸として位置づけ、それとの関係において社会事業を論じるという二分法的な視点や枠組では議論として狭すぎます。むしろ、世紀転換期の施策群の全体に共通する性格、それらに共通して期待された社会的な役割や機能を重視し、社会事業を含め、関連する施策のありようを施策総体との関係において個別的に捉える視点や枠組を準備する必要があります。

5　ソーシャルポリシーとしての社会福祉

われわれは、そのようなコンテクストにおいて、一九世紀末から二〇世紀初頭にかけて成立し、発展してきた施策群の全体をイギリスやアメリカでいうソーシャルポリシーの萌芽的な形態として捉え、社会事業をそのようなソーシャルポリシーの一つを構成する施策として位置づけるという視点、枠組を提起してきました。ここでいうソーシャルポリシーは、わが国においては広義の社会政策、あるいは広義の福祉政策などと訳されますが、われわれのコンテクスト、視点と枠組に置き直すと、社会的生活支援施策にあたります。つまり、われわれのいう生活支援システムを構成する社会的生活支援施策群です。第3章の「社会福祉の展開基盤」、第4章の「社会福祉の基本的性格」で試みた議論をもう一度参照してください。

このような、世紀転換期におけるソーシャルポリシー、あるいは社会的生活支援施策の導入は、自律生活と自律生活協同体を基層とする協同社会の国家による組織化を意味しています。経済的利害の対立、社会的な緊張や不安、逸脱などによって流動化する近現代社会の、国家による、国家を媒介とした協同社会の組織化、統合化です。それは、一九世紀後半における「社会の発見」を受け継ぎ、発展させた「国家の発見」ともいうべき展開です。成熟期資本主義期前期（金融独占期）の政治権力は、国家主導による義務教育、公衆衛生、労働政策、社会保険、社会事業、保健サービス、公営住宅などの社会改良的諸施策を導入することを通じて、国内的には労働者を中心とする中・下層の国民やその支援勢力を体制内に組み込み、国民国家としての求心力を高めて国力を維持増進させ、対外的には植民地主義的な帝国主義政策を推進したのです。

この時期、従前の慈善事業や救貧事業、共済事業の時代を特色づけていた自由主義的、道徳主義的な、あるいは自由放任主義的、抑制的な政策思想は、それなりに克服緩和され、社会改良を志向し、支える政策思想が形成されました。イギリスでいうと、その一つは、保守的、帝国主義的な利害を重視する国民的効率（ナショナルエフィシエンシー）論です。他の一つは、改革推進派による国民的最低限（ナショナルミニマム）論です。両者は救貧法の改廃やそれに代わる新たな施策のありようについては、基本的なところで対立し、相容れませんでした。しかし、国民的効率論と国民的最低限論は、金融独占的な経済状況下において、一般国民の生活への不満を緩和し、社会秩序の維持に努めつつ、国際的な緊張に対処し、国家を存続させ、資本主義制度を保全することについてはそれほどの違いはありませんでした。そうしたなかで、国民の参政権が徐々に拡大され、労働者たちの団結権体交渉権、罷業（ストライキ）権などの社会的な権利（労働三権）が承認され、労働条件や賃金における最低限の保障が実現することになりました。

わが国においても、イギリスに比べれば不十分のものでしたが、それなりの社会的諸施策発展がもたらされました。昭和の初期には、満二十五歳以上の男性に限られていましたが普通選挙権が認められ、公的扶助義務主義を前提とする救護法が成立しています。ただし、生活の最低限保障を国民の権利とする水準には到達しえませんでした。国民にたいする社会権的生存権（生活権）の保障は第二次世界大戦以後のことになります。

そのことはそのこととして、こうして、一九世紀中葉における資本主義経済の確立、発展とともに形成され、一般化した自助的自立を組織原理とする利益社会は、一九世紀の後半から二〇世紀の初頭にかけての自律社会と自律生活協同体の自己防衛、多様なかたちでの組織化をめざす社会的な活動や運動を契機に協同社会に転換します。それは、自律社会と自律生活協同体の社会的な組織化、さらには国家による組織化を意味していました。ただし、そのような国家による協同社会の組織化、形成は、労働者や国民一般を宥和して体制内化（宥和社会化）するレベルにとどまり、海外進出を支える労働力と兵力の育成、確保をめざす帝国主義政策の一環としての組織化という側面、色彩を濃厚にもっていました。

第5節 社会福祉への展開

1 福祉国家体制の形成

こうして成立した社会事業は、二〇世紀のなかば、歴史的にはつぎのステージとされる社会福祉に展開します。その背景にあるのは福祉国家の形成です。周知のように、第二次世界大戦後、世界で最初に福祉国家を成立させたのはイギリスです。イギリスの人びとは、ドイツ人は戦争国家（ウォーステイト）をめざしたが、イギリスは福祉国家（ウェルフェアステイト）を構築したと自賛しました。一九四〇年代の後半のことです。その後、福祉国家政策は、イギリス連邦諸国、ヨーロッパ大陸、そしてアメリカ合衆国へと、先進資本主義諸国に拡大していきました。わが国も、第二次世界大戦以後、戦後（福祉）改革を契機に各種社会的施策の整備に努め、一九七〇年代の初頭には最後の福祉国家になったと標榜しました。社会福祉は、そのような福祉国家を支える政策の一部として成立します。

社会福祉を福祉国家の政策の一環に位置する施策として把握するという視点に立つと、社会福祉への展開は、およそのところ、イギリスにおいては一九四〇年代、アメリカにおいては一九六〇年代、わが国においては一九七〇年代ということになります。ただし、わが国の場合には、第二次世界大戦後の戦後改革のなかで大正期以来の社会事業を支えてきた施策システムのありよう、すなわち政策も制度も、また支援活動のありようが大幅に改められたことに鑑み、第二次世界大戦以降の施策展開を、従前の社会事業と区別して、社会福祉とみなす見解が定説となっています。

概括的にいいますと、福祉国家の成立、そしてそれを基盤とする社会福祉の成立は、第二次世界大戦以降ということになります。しかし、それに先立って福祉国家と社会福祉のありように大きな影響を与えた重要な歴史的経緯があります。福祉国家政策、そしてその一環としての社会福祉が成立する背景には、ドイツにおけるワイマール基本法 第一五一条の国民の生存権に関する規定の採択（一九一九年）、アメリカにおけるニューディール政策の一環としての社会保障法の成立（三五年）、イギリスにおける福祉国家建設の青写真となったベバリッジ報告（四二年）の成立があります。

ワイマール基本法による採択を初出とする生存権の思想は ― 憲法に生存権を明記する国はわが国やイタリアなど少数にとどまるものの ― 福祉国家政策を法理念的に支える思想の淵源となっています。ニューディール政策の一環として成立した社会保障法は、資本主義経済の維持存続、国民生活の維持、国民の統合にたいする国家の責任と役割の拡大とその意義と効用を制度化した先例となりました。ベバリッジ報告は、国民統合の象徴として国民の生活を脅かす五巨人悪（five giant eviles）― 窮乏（want）、無知（ignorance）、疾病（disease）、密住陋隘《ろうあい》（squalor）、無業（idleness）― に対応する諸施策、すなわち窮乏にたいする社会保険と関連サービス、無知にたいする教育、疾病にたいする国民保健サービス、密住にたいする公営住宅、無業にたいする雇用の拡大を推進する諸施策の実現を約束しました。

このような歴史的な背景を踏まえて、イギリスにおいては、第二次世界大戦直後に成立したアトリー労働党内閣がベバリッジ報告の実現に努め、世界最初の福祉国家、ドイツの戦争国家に対比される福祉国家を成立させました。わが国においても、一九六〇年代の高度経済成長と保革伯仲の時代を背景に、一九六〇年代から七〇年代の初頭において、一般階層を対象とする国民皆保険皆年金体制、低所得階層にたいする福祉サービス、貧困階層にたいする公的扶助、さらには各種の児童手当に代表される社会手当の実施を基幹的な政策として組み込んだ福祉国家体制が成立することになりました。

一九四〇年代後半に福祉国家体制が成立したイギリスと、一九六〇年代から七〇年代の初頭に成立したわが国とでは、戦中戦後の混乱から安定を志向する時代と高度経済成長による拡大と混乱の時代という時代的な背景の違いがあります。しかし、最大公約数的にいうと、イギリスの場合も、わが国の場合も、大小の混乱を内包していましたが、大筋においては労使の協調による社会の安定と発展をめざすという理念、目標が現実的に国民のあいだに共有されていた時代、協調社会（後期協同社会）の構築が期待された時代でした。イギリスもわが国も、そのことを前提に、福祉国家施策の拡充をめざし、そのことによって労働者を中心とする国民一般の体制内化を促進し、国家としての求心力を高めるという目的にむけて一定の成果をあげることができたわけです。

2 福祉国家の要件

それでは、福祉国家とはどのようなものでしょうか。ここでは、福祉国家に不可欠な要件を五つに整理しておきます。第一の要件は、経済システムとしての資本主義が一定の成熟度に達し、成熟期資本主義後期の国家独占資本主義とよばれる社会経済体制が形成されていることです。資本主義制度を維持するために国家が直接政策的に経済過程に介入するというシステムが形成されていることが肝要です。より直接的には、国家による金融政策や財政政策を通じて資本主義経済の安定化がはかられるとともに、景気政策や公共事業の導入によって雇用の安定化や新規雇用の創出をはかる完全雇用政策が実施されていることが第一の要件となります。

第二の要件は、社会システムとして協同社会の後期にあたる協調社会が成立していることです。労働者と雇主の労使協調関係を機軸に、中間層をブリッジに一定の求心力と一体感をもつ協調的な社会が成立していることが前提となります。わが国についていうと、保革伯仲と保革協調が表裏に共存する協調社会の形成が福祉国家成立の基盤となりました。

第三の要件は、政治システムとしての民主主義の成熟です。まず、普通選挙を通じて国民の政治参加が推進され、国民に自由、平等、私的所有を固有の権利とする市民権的基本権が承認されていることが前提となります。ついで、国民の勤労権を前提に、労働者の団結権、団体交渉権、罷業権から構成される労働三権、さらには賃金の最低限、労働条件や環境の最低限を確保する労働者の権利と国民一般に健康で文化的な最低限度の生活を営む権利生存権からなる社会権的基本権が承認されていることが要件となります。

第四の要件は、規範システムに関わって、個人の生命、自由、平等、人格の尊厳などの市民的な価値や社会の安全、安心、安寧、平和などの理念が社会的に志向され、共有されていることが必要とされます。

第五に、以上の要件が充足されていることを前提に、社会権的生存権の保障を目的とする雇用施策、所得維持施策（社会保険・社会手当）、保健施策、医療施策、青少年サービス、住宅政策、社会福祉などの各種の社会的生活支援施策（ソーシャルポリシー）の推進が国家の中心的な政策課題として位置づけられ、実施されていることです。

概括的にいいますと、これらの要件が成熟していることが福祉国家を構成する基本的な要件です。

3　社会福祉の特性

それでは、そのような福祉国家を支える政策体系に組み込まれて成立する社会福祉は、一体どのような特徴を備えているのでしょうか。それを明らかにすることがつぎの課題になります。以下、先行形態としての社会事業との違いを念頭に置きながら、整理していきましょう。

①生活問題の一般化

社会福祉の対象となる生活問題（利用者のサイドからいうと生活課題、あるいは福祉ニーズ）の担い手や内容が社会事業の対象に比べて拡大し、一般化しました。社会事業の対象は、貧困階層を担い手とする生活の困窮（絶対的貧困）、孤児や棄児、母子、重度の障害や老齢による困窮、自立生活の不能や困難などの限定的な生活課題でした。それにたいして、社会福祉は、基層部にそのような生活課題を引き継ぎながらも、低所得階層、さらには一般階層を担い手とする一般的、普遍的な生活課題に対応することになります。具体的には、社会福祉は、生活の困難（相対的貧困）、保育の欠落、家庭内の虐待や暴力、非行、社会的な差別や排除、家族による介助や介護の欠落、大気、食品、薬品などの公害に関わる傷病や障害などの多様な生活課題を対象にします。社会経済構造や家族構造の時代的な変化にともない、社会福祉の対象は、貧困階層を担い手とする生活課題から徐々に低所得階層、さらには一般階層を包摂し、国民一般を担い手とする一般的、普遍的な生活課題に拡大していきました。

②国家による施策

そのような状況の変化にともない、社会福祉を日本国憲法第二五条にいう、国民の社会権的生存権に対応し、国家の責務（責任と義務）として実施されるべき施策として捉える社会認識が国民のあいだに徐々に定着し、一九六〇年代には第二次世界大戦直後に成立した生活保護法、児童福祉法、身体障害者福祉法、社会福祉事業法に加えて、母子福祉法、精神薄弱者福祉法、老人福祉法が制定され、いわゆる福祉六法体制が実現します。また、それに先立って国民皆保険皆年金体制が成立したことに対応して、児童扶養手当、重度障害児扶養手当、そして一九七一年の児童手当などからなる社会手当制度が整備されていきました。こうして、社会福祉は、すべての国民にその生存の権利を保障することを目的として、国家の責任と義務において策定し、実施されるべき施策の体系として認識されることになります。かつての社会事業の時代の、国家を労使間の利害の対立、衝突を回避し、調整する宥和的な調整機関として捉える認識が、国民一般の生活保障に必要とされる社会的な資源を適正に配分する資源配分機関として捉える認識に徐々に転換し、実態的にもそのように機能する方向に変化してきました。

③　実施体制

国家を責任主体とする社会福祉は、政府（実質的には所管官庁）が企画立案、策定し、国会によって審議採択された社会福祉関係法令を施行するという体制のもとに実施されます。ただし、国が社会福祉の利用者（生活支援の受給者）にたいして直接的に購買力（現金）や福祉サービス（生活資料や人的サービス）を提供するわけではありません。かつて、社会福祉は、法令によって定められた国の権限を自治体の首長ないし自治体そのものに委任（機関委任・団体委任）することによって実施されました。さらに、購買力や生活資料、人的サービスなどの生活資財の提供は、自治体の設置する相談・実施機関によるほか、社会福祉法人その他によって設置される民間の支援機関や施設に委託（措置委託）するというかたちで実施されました。

④普遍主義的生活支援

社会事業による貧困者の保護は、厳格な資格審査によって提供基準に適合する困窮者や保護者や養護者、介護者のいない孤児、高齢者、障害者を施設に収容する（入所させる）という選別主義的な方法によって行われてきました。社会福祉による生活支援は、所得の有無、水準に関わらず、国民一般を対象に生活課題（福祉ニーズ）の有無や程度を基準にした普遍主義的な支援の方法によって実施されることになりました。もちろん、生活保護（公的扶助）のように、生活支援の内容によって利用者が制限的に選択される場合もあります。しかし、社会福祉においては、国民一般を対象にする普遍主義的な生活支援の提供をベースに、普遍主義と選択主義を組みあわせた選択主義的普遍主義にもとづいて生活支援を提供することが原則になります。

⑤生活支援の方法

社会福祉による支援の方法は、①社会的な啓発と規整、②購買力の提供、③生活資材の提供に大別することが可能です。生活資材の提供は、さらに(a)生活資料の提供、(b)人的サービスの提供、(c)システム的サービスの提供に区分されます。物的サービスは衣食住の現品形態での提供です。人的サービスは相談助言、保育、養護、療護、介護など専門職による労働（人的サービス＝役務）の提供です。システム的サービスは、生活（入居）施設のように、物的サービスと人的サービスが結合されたサービスです。購買力の提供（生活保護）を除けば、社会福祉による生活支援は一九七〇年代頃までは依然として生活施設への入所を中心としたものでした。ただし、自治体レベルでは訪問サービス、通所サービス、短期入所サービス、宅配サービスなどによる在宅（居宅）サービスの萌芽的、先駆的な導入がみられました。

⑥ソーシャルワーク

生活支援の方法・技術として、また独立した支援の領域として、ソーシャルワークが重要な役割を担うようになりました。ソーシャルワークは、当初、戦後（福祉）改革のなかで、生活保護制度の運用を円滑にし、要保護者の自立助長を促進する方法・技術として導入されました。しかし、やがて生活課題の一般化、個別化・多様化・複雑化が進むにつれて、社会福祉のみならず、医療、司法、教育などの関連する領域を含め、多様な領域において相談助言、生活再建、連絡調整などを内容とする専門的な支援の方法・技術として定着し、発展することになりました。

⑦社会的契機

保革伯仲とよばれる社会経済的、政治的な状況を背景に、生活保護行政の改善、保育所の設置、高齢者福祉や障害者福祉の改善や拡大、各種公害被害者支援の導入などに関して、当初は労働組合運動や社会主義運動による社会的、政治的な圧力が推進力となって、後にはそこに当事者や支援者による当事者運動、専門職従事者や施設経営者団体などによるソーシャルアクションや社会運動による社会的、政治的な圧力も加わるかたちで、社会福祉の発展がもたらされるところがありました。

以上、一九六〇年代から七〇年代の福祉国家体制の準備期から成立期における社会福祉のありようを整理してきました。社会福祉の一部は、必ずしも利用者に喜ばれ、国民一般に歓迎されるような水準、状態ではありませんでした。しかし、前身である社会事業との比較においていいますと、社会福祉は、質量両面からみて、明らかに一歩前進した内容をもつものになりました。実際、そのことがあって、実務的にも、研究や教育の領域においても、社会事業に代わって社会福祉という用語の使用が定着することになったといって過言ではないと思います。社会福祉は、社会的生活支援施策のなかで重要な役割をもつという認識が拡大していきました。社会福祉への展開は、ウイレンスキーとルボーの言葉を借用していいますと、経済的不況や社会的混乱に応じて出現し、不況や混乱が収まると社会の背景に後退する残余的な社会事業から、社会のなかに恒常的に存在し、社会の第一線において活動する制度的な社会福祉への展開を具現化するかに思われました。

第6節 社会福祉の変容

1 社会福祉変容の背景

しかし、そのような社会福祉の基盤になってきた福祉国家は、一九七〇年代末にはその頂点を迎えることになります。それまで第二次世界大戦後における資本主義世界の復興と発展を象徴する指導的原理とみなされてきた先進資本主義諸国の福祉国家政策は、一転して「市場の失敗」ならぬ「国家の失敗」を象徴する施策として集中的に批判を浴びせられることになります。福祉国家は、達成すべき理念や目標としての存在から、日時をおかずに克服すべき存在に転化することになりました。福祉国家政策の一環として発展してきた社会福祉も、当然のことながら、集中的な福祉国家批判の埒外ではありませんでした。

イギリスやアメリカにおいて、そしてわが国においても、福祉国家政策批判を前面に掲げる政権が登場しました。わが国では、それまでの保革伯仲の時代における社会福祉施策が一斉に「バラマキ福祉」として批判の対象とされ、「福祉の見直し」を求める「福祉改革」が推進されはじめます。

福祉国家批判は、行財政改革というかたちをとり、その一環として福祉改革が遂行されることになります。そのような、第二次世界大戦後の基本的な復興と発展の路線を覆すともいえるような改革が求められるようになった背景には、一九六〇年代末以来のスタグフレーションの進行、七〇年代初頭のオイルショックによる急激な景気の変動、国家財政の悪化、そして福祉国家体制のなかで増幅されてきた中央集権主義や福祉官僚主義、税や保険料の拠出による国民負担の増加、国家と市民が直結されたことによる中間組織・中間社会の空洞化などの、社会経済的、政治的諸条件の変化が存在しました。また、八〇年代末から九〇年代初頭にかけてのソビエト連邦の崩壊に象徴される東欧社会主義体制の解体も福祉国家批判に拍車をかけることになりました。

社会福祉の展開基盤となる社会も大きな変化にさらされました。わが国でいいますと、児童人口の減少傾向と高齢者人口比率の拡大による少子高齢社会化がはじまり、所得格差の拡大、都市化と他方における過疎化、消滅集落化の進行によるコミュニティの脆弱化、自己責任、自立自助を強調する社会意識の拡大など、協同社会は個人主義化し、人間関係の希薄化、無関心化に特徴づけられる乖離社会が形成されはじめました。

このような状況のなかで、イギリスにおいては、そしてわが国においても、国家財政の引き締め、国有企業の民営化、行政権限の下方委譲化、管理委託化が推進されていきました。そうしたなかで、イギリスでは一九六〇年代の後半以降、パーソナルソーシャルサービス改革による社会福祉の分権化、地域社会化がはじまります。わが国においては、七〇年代の末から八〇年代にかけて、そのイギリスをモデルに、社会福祉の地域社会化、地域福祉化が推進されはじめます。

われわれは、このような行財政改革、それにともなう社会福祉の変容を福祉国家体制下における「国家型社会福祉」から、行財政改革、そして社会福祉基礎構造改革による「多元型社会福祉」への転換、さらには「自助型社会福祉」への移行として捉えてきました。このような社会福祉の転換は、八〇年代を分水嶺としてはじまり、九〇年代さらには二一世紀を迎えて、急速に加速されることになりました。もちろん、この時期の福祉改革（世紀転換期福祉改革）に限定されることではありませんが、改革にはいつの時代であれ功罪両面が含まれています。そのことを踏まえつつ、まずは多元型社会福祉として捉えられる八〇年代このかたにおける現代社会福祉のありようを箇条書き的に整理しておきます。

2　社会福祉変容の状況

①多元型社会福祉

一九八〇年代以降においても、社会福祉の基本的な枠組は従前と変わりません。社会福祉の基本的な枠組は国の推進する政策として策定され、関連する法令にもとづいて運営、実施されています。ただし、その運営の過程においては、都道府県や市町村などの自治体、なかでも市町村とそれに対応する地域社会が重要な役割を担うことになりました。実施の過程においては、従来の社会福祉法人に加え、特定非営利活動法人その他の非営利団体、さらには企業法人、個人などの多様な組織や団体の参画をえて推進されています。端的にいいますと、多元型社会福祉はそのような社会福祉のありようを意味しています。

② 生活課題の変容

八〇年代以降、社会福祉の対象となる生活問題（利用者サイドから捉えれば生活課題）にも大きな変化がみられました。生活問題の中核ないし基盤となるのは依然として貧困問題です。実際、相対的貧困の割合を示す貧困率は先進七カ国中一位という状況にあります。非正規雇用による若年の生活困窮者数も増加しました。他方、子どもの保育、高齢者の介護、障害者の地域生活移行ニーズにみられるように、一般的な所得や家族構成では確保することの困難な生活サービスにたいする需要に一層の拡大がみられます。家族による子ども、障害者、高齢者にたいする虐待や配偶者への暴力、一般市民や施設職員などによる子ども、障害者、高齢者にたいする差別や虐待、外国籍居住者の生活の不安、不利や困難、災害被災者の生活再建問題など、生活課題の多様化、複雑化、高度化が急速に進行しています。

③社会福祉の分権化

社会福祉の基本的枠組は、国の策定する関係法令によって設定されています。そのことは従前と変わりません。しかし、二〇世紀末の地方自治制度の大幅な改革により、機関委任や団体委任の制度は廃止され、従来の委任事務のほとんどが自治体に本来的な固有の事務、つまり自治事務に改められました。国と自治体との関係は従前の上下の関係から対等の関係に改められました。そのなかで、社会福祉のうち生活保護だけは、新たに都道府県ならびに市の法定受託事務とされました。生活保護については、国民の生存（生活）を保障する最終的なネットワークとして、国の責務として国民に健康で文化的な最低限の生活を保障するという生活保護法の趣旨が法定受託事務というかたちで維持されたわけです。それ以外の福祉サービスについては、都道府県や市町村、なかでも市町村の自治事務として位置づけられています。福祉サービスの運営ならびに実施については、基礎自治体としての市町村のもつ多様性、個別性を重視するという趣旨から、その権限において自治事務として推進されることになりました。

④地域社会の主体化

社会福祉の分権化にもとづき、基礎自治体としての市町村に期待される責務、役割が顕著に拡大されました。同時に、そのことにともない、市町村という行政上の区画によって包摂される住民の集合体である地域社会に期待される責務と役割も拡大しました。なかでも、地域社会を構成する地域住民が、社会福祉を目的とする事業を経営する者、社会福祉に関する活動を行う者とともに、地域福祉を推進する者（地域福祉の主体）の一員として位置づけられることになりました。こうして、こんにち、わが国の社会福祉は、国によって定められた法的な枠組を前提にしつつ、市町村を中心とする基礎自治体とそれに照応する地域社会を車の両輪として運営され、実施される地域福祉（社会福祉法にいう「地域における社会福祉」）として位置づけられています。

⑤ 適用範囲の拡大

社会福祉による生活支援の適用範囲は、従前の国家型社会福祉においては、生活保護法以下の福祉六法体制にいう要保護者、児童、母子、身体障害者、知的障害者、高齢者者などでした。多元型社会福祉においては、これに要介護者、生活困窮者が追加されました。さらに、発達障害児、家庭内暴力の被害者、社会的差別や排除の被害者、災害被災者などが支援の適用対象に加えられています。保育サービスの適用対象も大幅に拡大されました。このほか、自治体レベルにおいては、外国籍居住者なども社会福祉による支援の適用対象となっています。八〇年代以降、緊縮財政政策のため、一部の施策においては、一時期適用対象が抑制されました。しかし、介護福祉（介護保険）の導入、生活困窮者自立支援施策の導入、保育サービス待機児童対応の拡大、放課後障害児サービスの導入などにより、総体的にみますと、社会福祉の適用範囲は大幅に拡大する傾向にあります。

⑥ 計画行政化

都道府県や市町村に地域福祉計画をはじめとして各種の福祉（保健）計画の策定が求められることになり、同時に地域社会にたいしてもそれに対応する行動計画の策定が期待されるようになりました。福祉計画の導入以前においては、社会福祉に関する行政は、単年度会計にもとづき、事後処理的、事後救済的な事務として行われてきました。しかし、九〇年代以降、福祉（保健）計画の策定が求められるようになったことにともない、中・長期的な見通しをもって社会福祉施策を運営、実施することが可能になりました。

⑦提供組織の多元化

第一種社会福祉事業を別にして、第二種社会福祉事業に区分される支援サービスの提供に関しては、自治体、社会福祉法人に限らず、所定の条件を充足すれば、民間非営利団体、営利法人、さらには個人であっても提供事業者になることが可能になりました。そのうち、営利法人や個人などのいわゆる準市場セクターの参入については、社会福祉の本来的な性格に抵触するという見解もみられます。しかし、その一方において、準市場セクターの参入は、社会福祉に伝統的な参入障壁に風穴をあけ、民間の創意工夫、事業意欲を導入する措置として積極的に評価する見解も存在します。

⑧専門職化

一九八七年に社会福祉士と介護福祉士、九七年に精神保健福祉士、二〇〇三年には保育士の資格が国家資格として法制化されました。それ以前においては、社会福祉主事、児童福祉司、保母が社会福祉に関わる資格とされてきました。社会福祉主事と児童福祉司は任用資格、保母は一定の教育課程を修了することを条件に付与される資格であり、専門職資格の法制化が期待されてきました。それが実現したわけです。ただし、社会福祉士、介護福祉士、精神保健福祉士、保育士はいずれも名称独占の資格であり、業務独占が認められているわけではありません。その意味においては、社会福祉にかかる資格は専門職の資格として十分なものとはいえません。しかし、いずれも法令にもとづき、国ないし自治体による資格試験によって付与される国家資格であり、社会福祉の専門職性の向上に寄与しています。

⑨包括的・多分野横断的アプローチ

わが国の社会福祉は、かつて福祉六法体制とよばれたように、生活水準、年齢、性別、障害の種類など利用者のもつ属性ごとに、また生活支援の内容ごとに、縦割り型の専門分化が推進されてきました。縦割り型の専門分化は、社会福祉の内部に限らず、社会的生活支援施策のレベルにおいても同様に追求されました。かつては、専門分化は、支援の多様化、高度化を意味するものとして歓迎されました。しかし、近年、生活課題の多様化、複雑化、高度化が進むにつれ、個人はもちろん家族（世帯）間においても、必要とされる支援サービスに多様化、複合化、多領域化、そして重複化がみられるようになり、制度の谷問題として、多分野横断的なアプローチによる包括的、重層的な支援の展開が求められています。

⑩ 社会的契機

一九八〇年代以降、社会福祉が多元化してきたことの背景には、行財政改革の圧力、自己責任、自助自立を求める社会意識の再燃と拡大、労働組合運動や社会主義運動の縮減、政財界を通じた生活支援サービス提供事業にたいする参入圧力の拡大などの多様な要因が介在し、さまざまなかたちで関与しています。その一方において、支援を求める当事者や支援者による社会運動、SNSを通じた働きかけ、各種の支援提供事業者の業界団体による圧力や事前調整、国際連合などの国際機関による人権関係条約の採択・締結に関わる国内法（体制）整備への圧力などがあり、そのそれぞれが関連する施策の新設や改善、拡大や多元化にたいする社会的な要因、契機となっています。

二〇一五年の国連サミットによる「持続可能な開発目標」（SDGs）の採択を含めて、これからの社会福祉のありようを考えるうえでは、松下圭一を援用していいますと、国政府つまり国の政府機関に加えて、あるいはそれ以上に、国際機関（国際連合）といういわば国際政府と都道府県・市町村、なかでも市町村という自治体政府の動向に注目する必要があります。

さて、ここまで、一九世紀末から二〇世紀初頭にかけての世紀転換期以降、近現代の初期に萌芽的なかたちで社会的に組織化され、社会制度化されてきた慈善事業、救貧事業、共済事業がどのような歴史的なコンテクストのもとに、いかなる社会的、経済的、政治的、規範的な諸条件、その因果的な組みあわせ、論理によって国家による社会事業に転成し、さらに社会福祉として展開してきたか、概括的に考察してきました。また、その社会福祉が、一九八〇年代を分水嶺に二〇世紀末から二一世紀初頭にかけて、どのように変容してきたかをかいまみてきました。

こんにち、わが国の社会は、二一世紀も二〇二〇年代のなかばに差しかかり、総人口の逓減的縮減、超高齢社会化の増進、子ども人口の顕著な減少、傷病・疾病の拡大、家族の構造と機能の変化、長期にわたる経済的不況、所得格差の拡大、若年層にみられる就労機会の減少、孤独や孤立、虐待や暴力、差別や排除、自然災害の多発など、さまざまな生活に関わる課題をかかえるようになっています。

いまやわが国の社会は、多様にして複雑化し、高度に複合化した生活課題に直面させられ、社会的公共的な対応に苦慮するという状態にあります。そうしたなかで、われわれには、こんにちの多元型社会福祉を特徴づけている分権化、地域化、普遍化、計画化、多元化、専門職化、多分野横断化が何をもたらしているのか、改めて客観的かつ理論的に分析し、評価し、これからの社会福祉の展望に結びつける作業が求められています。

なかでも、地域共生社会の形成、発展が政策的に理念化され課題化されるという状況のなかで、それを支える市町村が果たして適切、的確に機能しているのか、国と対等の立場にたつことできているのか、市町村格差がうみだされていないか、新たな公民、公私関係のなかで国や自治体による責任回避が生じていないか、地域福祉の主体化が求められるなかで地域住民に過重な期待、負担がかかっていないか、多元型社会福祉の推進が自助型社会福祉の推進に転化していないか、などなど検討すべき諸問題が山積しています。われわれの社会福祉学は、果たして、それらの諸問題を的確かつ適切に分析し、評価し、こんにちの社会福祉に必要とされる改善や改革につなげる力量をもちえているのか、そのことが改めて問われています。

第

6

章

社会福祉の施策体系(1)

―骨格・対象・主体―

第1節　社会福祉の骨格構造

さて、ここまで、社会福祉の概念、歴史、そしてその基本的な性格について、考察してきました。それなりに理解がえられたでしょうか。つぎの課題は、社会福祉の内容について、総合的、かつ体系的に把握、分析し、理解を深めることにあります。

1　分野論としての体系把握

従来、この課題は、社会福祉の分野論ないし領域論として展開されてきました。こんにちにおいても、その傾向は変わりません。その背景には、わが国において、社会福祉の施策が利用者の生活水準、年齢、性別、障害の種類などの属性ごとに個別の、相互に独立した縦割り型の制度として法制化されてきたという事情があります。そのため、社会福祉施策の体系についての議論が法制度ごとの分野論、領域論として捉えられ、論じられてきました。資格課程向けのテキストなどは大体そのような構成になっています。

そうしたなかで、法制度による区分を基礎にしながらも、そこに独自の規準、枠組を導入して、社会福祉の施策を体系的に論述しようとする試みも提起されてきました。一番ヶ瀬康子による「社会福祉事業体系」論がそうです。一番ヶ瀬は、さきにも言及したことですが、社会福祉の対象を家庭（世帯）における労働力の再生産の過程において形成される生活問題として規定しています。その生活問題を利用者の労働力の態様に対応させ、貧窮問題、児童問題、老人問題、身体障害者問題、精神薄弱者問題などとして範疇化し、それによって区分するというかたちで分野論の体系化を試みています。単純に利用者の属性に依拠する法制度にしたがって分野を区分するという方法に比較すれば、それなりに理論的な施策体系論になっています。しかし、社会福祉の体系を分野として論じるという意味では、法制度を基準にする議論と変わるところがありません。

社会福祉の分野論を軸とする施策体系化の試みは、一番ヶ瀬のそれも含めて、それぞれの分野ごとに、設定されている支援の種類、それぞれの形態、内容、提供する機関や施設、利用の資格と手続き、利用の過程、個別的な支援の方法や技術について紹介し、支援提供の具体的な過程とそこにおける困難や問題点に言及するという内容になるのが一般的です。

われわれは、このような分野論の記述を通じて、社会福祉を構成する制度の内容がどのようなものか、それなりに理解することが可能です。しかし、そのような分野論がいかに精緻に展開されたとしても、それによって社会福祉の全体にかかる骨格、骨組がどのように構成され、いかに機能しているのか、そのことを的確に把握することはできそうにありません。

社会福祉を理解し、推進しようとするとき、まず必要とされるのは、社会福祉が対応しようとしている生活問題、生活課題とはいかなる事象であるかを明らかにすることとです。つぎには、社会福祉を構成する政策、制度や事業がいかなる状況のもとに、いかなる要因と理由にもとづき、いかにして国や自治体による政策として、あるいは民間の団体や組織による事業や活動として形成され、運営、実施されているのか、それがどのような知識や技術をもちいて利用者に提供されているのか、そして、最終的には、それらが利用者にたいして、また社会にたいしていかなる成果ないし効用をうみだしているのか、それらのことをつまびらかにするということです。そこでは、縦割り型の分野論を越えて、社会福祉の全体を横に輪切りにするような研究を必要とします。

2　社会福祉の三位一体構造

　このことは、対象としての生活問題の把捉から、政策の策定、制度の構築と運営、生活支援の提供と利用にいたる社会福祉の一連の過程を、一つの全体として扱い、総合的、体系的に把握、分析し、理解するという作業を意味しています。しかし、わが国の社会福祉研究はそこにもやっかいな難題をかかえています。周知のように、わが国においては、第二次世界大戦直後から一九七〇年代の頃まで、社会福祉にかかる政策と社会福祉における支援の方法、そのための知識や技術であるソーシャルワークを、実態としてそれらが相互に関連し、結びついていることを承知しつつも、研究上、理論的には両者を別個のもの、相互に相容れぬ存在として扱ってきました。それでは、社会福祉の全体像を総合的、体系的に理解することはできません。

　われわれは、そのことについて、これまで、社会福祉の政策にかかる「政策システム」と支援（援助）にかかる「支援システム」を両端に配置し、その中間に制度の運営にかかる「運営システム」を挿入して両者を結びつけ、政策、運営、支援を一体的、統一的に把握することをめざし、そこに必要とされる視点と枠組を提示してきました。われわれのいう「社会福祉の三位一体構造」論がそれにあたります。その概略は、すでに第1章の図1「社会福祉のシステム構成」において提示したところです。

つぎに掲げる図6のねらいは、その「社会福祉のシステム構成」をふまえて、それを社会福祉の全体像を把握する視点と枠組に発展させ、「社会福祉の施策体系」として描きだしたものです。図6のねらいは、社会福祉の脊柱を構成する政策システム、運営システム、支援システムの関係を主軸に、政策システムと支援システムを架橋する部分、運営システムと支援システムを架橋する部分、そして社会福祉の対象としての生活問題、評価システム、社会行動システム、さらに支援展開システムの内容を描いた部分を別枠で追加し、社会福祉の全体を支える骨格構造の全体象を描出することにあります。

図6のいま一つのねらいは、骨格構造の中心部に位置している政策システム、運営システム、支援システムについて、それぞれそのシステムを構成するサブシステムとその相互の関係を示すことにあります。政策システムを構成するサブシステムは、「対象設定システム」「政策立案システム」「政策決定システム」「政策運用システム」です。運営システムを構成するサブシステムは、「政策運用システム」「制度運営システム」「支援提供システム」です。そして最後に、支援システムを構成するサブシステムが、「支援提供システム」「利用支援システム」「支援展開

図6　社会福祉の施策体系

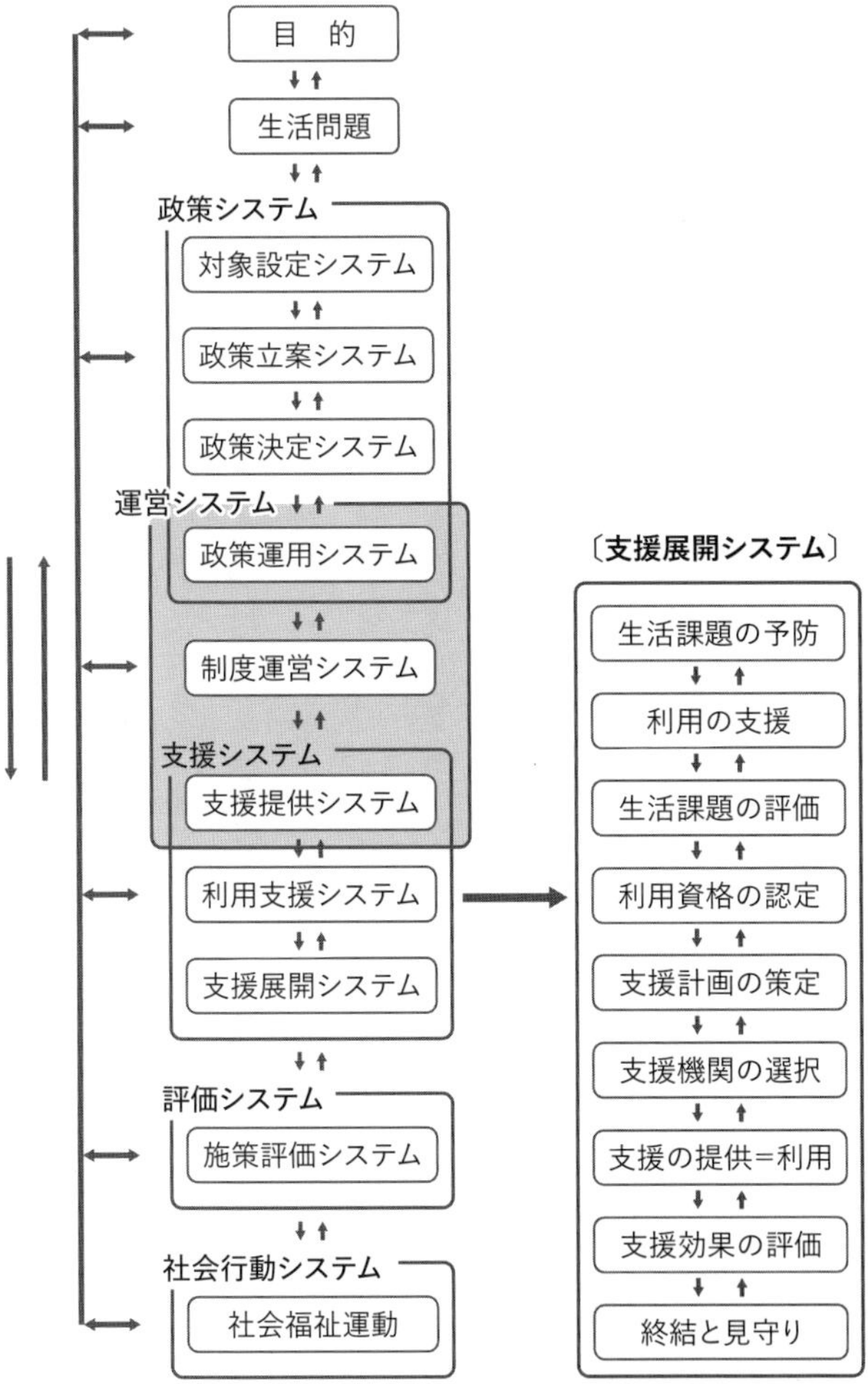

システム」ということになります。

これらのサブシステムは、まず、それぞれの上位システムとなる政策システム、運営システム、支援システムの性格や内容を理解する手がかりになる要素です。つぎに、そのようなサブシステムのうち政策運用システムは、政策システムの一部であると同時に運営システムの一部を構成するものとして設定されています。同様に、支援提供システムは、運営システムと支援システムの一部を構成するものとして設定されています。このことは、政策運用システムが政策システムと運営システムを架橋し、連結させるという役割をもち、支援提供システムが運営システムと支援システムを架橋し、連結させる役割をもっていることを意味しています。さらにいいますと、政策運用システムと支援提供システムは、社会福祉の脊柱を構成する政策システム、運営システム、支援システムを一体的に架橋し、結びつけ、統合化するという役割を担っているということになります。運営システムは、政策運用システムと支援提供システムを両端にもつことによって、まさに社会福祉を三位一体的に構造化する位置にあります。社会福祉における運営システムの重要性を示すものです。

加えて、図6においては、支援展開システムの内容を示す諸要素が別枠に抽出されています。支援展開システムは、「生活課題の予防」「利用の支援」「生活課題の評価」「利用資格の認定」

「支援計画の策定」「支援機関の選択」「支援の提供=利用」「支援効果の評価」「終結と見守り」という要素からなり、全体が一体的な過程として構成されています。

以下、社会福祉の施策体系を構成するそれぞれの要素、システムについて、必要な範囲に絞りながら、内容の考察を試みることにします。

第2節 社会福祉の対象

社会福祉を成立させる契機の第一は、その対象によって与えられます。社会福祉は対象あってこその社会福祉です。つまり、社会福祉はそれが対応すべき、解決、緩和軽減すべき、あるいは促進すべき問題、課題があってはじめて、形成、成立の契機が与えられ、かつその内容や性格が規定されます。

このため、先行する社会福祉の研究はいずれも、その対象、すなわち解決すべき課題の内容、形成の経過、そしてその性格を明らかにするところからはじめられています。

なかでも重視されてきたのは、社会福祉の対象を、その歴史的、社会経済的な背景、条件、要因との関係において把握するということです。一言にしていいますと、研究の最初の焦点は、社会福祉の対象をいかにして社会問題として解明し、理解するかということに絞られていました。社会福祉の対象が歴史的、社会経済的な起源をもつ社会問題とし形成されているということ、そのことが、社会福祉が社会的公共的な、最終的には国家による政策として成立する根源的な契機になると考えられてきたからです。

1　社会的問題と生活問題

以下、繰り返しにはなりますが確認していきましょう。孝橋正一は、社会福祉（社会事業）の対象を社会問題の核としての労働問題から関係的派生的に形成される「社会的問題」として把握しようとしました。一番ヶ瀬康子は、社会福祉の対象を、労働力の消費過程（職場）において生起する労働問題との対比において、労働力の再生産費過程（世帯）において生起する「生活問題」として捉えようとしました。いずれもそのねらいは、社会福祉の社会的、公共的成立を論証することにあります。孝橋の社会的問題論、一番ヶ瀬の生活問題論は、それらが歴史的、社会経済的な起源をもつということの解明、その形成の過程、機序、メカニズムの解明として、それなりに成功しています。

2 生活問題論の難点と克服の試み

そのような対象把握のコンテクストのなかで、一番ヶ瀬は、さらに一歩を勧め、生活困窮者、子ども、児童、高齢者、障害者などを担い手として形成される生活問題の態様を、生活貧困者をはじめそれぞれの担い手の労働力の態様とその労働市場における価値、取り扱われかたを機軸にして明らかにしようとしました。しかし、そこには難点が含まれていました。たとえば、一番ケ瀬は、子どもを未来労働力（将来労働力）、高齢者を衰退労働力として捉えています。それでは、子どもや高齢者にみられる生活上の諸問題、生活問題のすべてを、子どもが未来労働力であり、高齢者が衰退労働力であるという規定からはじめることによって的確に説明しきれるかということです。

副田義也は、こうした疑問から出発して、労働力の賃金との交換、それによる市場における生活資財（生活資料と生活サービス）の購入と消費という過程に、時間や空間などの要素を加えた生活構造論を援用することによって生活問題の多様性、複雑性に接近しようと試みました。また、われわれは、社会的バルネラビリティ（社会的な生活の脆弱性）という概念を導入して、生活問題の多様性、複雑性を解明しようとしてきました。われわれの試みは、社会的にバルネラブルな状態にある人びと、すなわち社会的に生活の不調、障壁などの困難に陥りやすい人びとという概念を導入することによって、生活問題を労働力の態様に限らず、それを含めて、多様な社会的、経済的、政治的、文化的な諸要因によって形成される生活上の諸問題の全体として把握しようとしたものです。問題形成の過程やメカニズムについては、問題の内容ごとに個別に解明するという方向を提起しました。

3　政策の対象と支援の対象

生活問題の態様や形成のダイナミズムのほかに、社会福祉の対象論には、もう一つの重要な論点が含まれていました。政策の対象と支援（実践）の対象との関係をどのように処理し、説明するかという問題です。一番ヶ瀬の生活問題論は、社会福祉の政策レベルにおける対象把握の方法としては、孝橋を越えて成功していたといえそうです。しかし、その一番ヶ瀬の生活問題論も、支援（実践）レベルにおける対象把握という問題、すなわち個人、家族、近隣社会などの個々利用者のレベルにおける生活上の諸問題を把握し、分析する理論にはなりえていませんでした。つまり、生活問題把握の方法をどのようにブレークダウンし、あるいは組み換えて、社会問題としての生活問題と利用者個々の担う生活上の課題をいかに結びつけて把握し、分析するかという論点が残されていたということです。

この論点は、こんにちにおいても、適切に整理され、克服されているわけではありません。端的にいいますと、こんにちにおいても、政策課題としての生活問題と支援レベルの個人や家族生活上の諸問題は別個のものとして扱われています。そのことは、たとえば、支援レベルで利用されているアセスメント票の構成をみてみれば明らかです。われわれは、そこから、相談の主訴となっている具体的な生活上の諸問題の内容やその背景となる利用者の生活歴、家族構成など、問題が形成された背景や経過、直接的な要因などを捉えようとする試みがなされていることを読み取ることができます。しかし、アセスメント票の射程はそこまでです。個人や家族の生活上の諸問題の背後に伏在し、その形成過程に関わりをもったと考えられる社会経済的な、あるいは政治的、文化的な状況や要因にまでは及んでいません。

4 社会問題論の抽象性

周知のように、三浦文夫は、このような社会福祉対象論にみられた難点を克服しようとして、支援レベルにおける対象を政策レベルの対象と切り離し、福祉ニーズ論として展開する方向を選択しました。三浦は、支援レベルにおける対象の認識を社会的問題論や生活問題論の抽象性や多義性から解放するために、依存的状態や要救護性という概念を導入しました。すなわち三浦は「ある種の状態が、ある種の目標や一定の基準からみて乖離の状態にある」場合を依存的状態＝広義のニーズとよび、そのような状態のうち「改善回復等を行う必要があると社会的に認められたもの」を要救護性＝狭義のニーズとよびました。このうち、生活支援の対象となるのは、もちろん後者の要救護性＝狭義のニーズです。このような三浦の対象論は支援レベルにおける対象論としては、理解しやすい組み立てになっています。そこでは、アセスメント票にも容易に適用することが可能です。しかし、社会問題論的な政策レベルの対象論との関わり、結びつきは、事実上遮断されてしまっています。

5　生活問題と生活課題

われわれは、ここまでの議論を念頭にしながら、一番ヶ瀬の政策レベルの「社会問題としての生活問題」という対象把握の方法をふまえつつ、視点を思い切って換え、支援（実践）のレベルにおいて個人、家族、近隣社会など利用者のかかえている生活上の諸問題を生活課題として捉え直すことにしました。端的にいいますと、政策の対象としての生活問題と支援の対象としての生活課題を連続しつつも、いわば表裏の位置関係にあるものとして捉え直すということです。そのための視点と枠組が図7の「生活課題の構造」です。なお、ここでの論点の一部は、すでに第4章において言及しています。そのことを前提にさらに考察を重ねることになります。

さて、図7の生活課題の構造にみるように、生活課題についての議論は、「生活課題」「生活負荷要因」「自律生活力と自律生活協同力」という三通りの要素から構成されています。生活課題は、個人、家族、近隣社会の生活において社会福祉による支援を必要としている状態を意味しています。ここまで、われわれは、社会福祉の対象を社会的に形成され、社会的に存在する生活問題として捉えてきました。その生活問題を、個人、家族、近隣社会などの利用者のレベ

図7 生活課題の構造

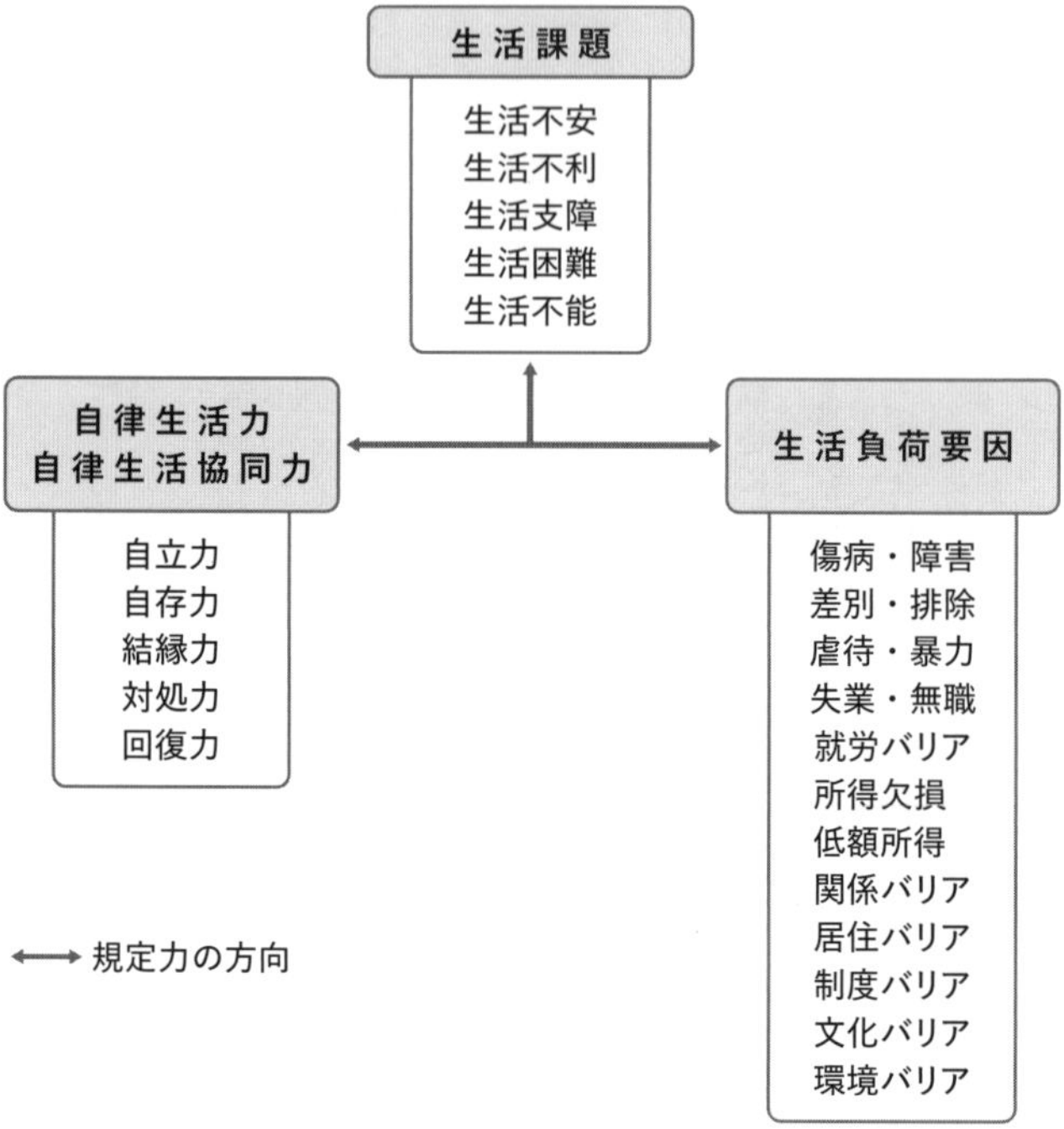
生活課題
生活不安
生活不利
生活支障
生活困難
生活不能
自律生活力
自律生活協同力
自立力
自存力
結縁力
対処力
回復力
生活負荷要因
傷病・障害
差別・排除
虐待・暴力
失業・無職
就労バリア
所得欠損
低額所得
関係バリア
居住バリア
制度バリア
文化バリア
環境バリア
規定力の方向

ルにおいて、あるいは利用者のサイドから、何らかの社会福祉による対応（支援）を必要としている課題状況として、個別的に捉え直したもの、それがわれわれのいう生活課題です。すなわち、生活課題は、利用者のうちに内在化された生活問題、内在的に捉え直された生活問題です。逆に、そのような個人、家族、近隣社会を担い手とする生活課題の総和、総体を社会のレベルにおいて捉えたものが生活問題です。

ちなみに、この意味での生活課題は生活支援ニーズとよぶことも可能です。さらに一般化して、福祉ニーズといっても特段不都合というわけではありません。ただし、ここでいうニーズは、マズローのニーズ階層論にみられるような、心理学的なニーズ、なかでも人びとの内側からうまれ、内側に存在するニーズではありません。福祉ニーズという用語に置き換えても、それは個人、集団、近隣社会などの生活主体の状況と外部環境との交互作用のなかに形成された状態であり、かつ、社会的公共的に何らかの支援を必要とする状態にあることを意味しています。そして、そのような状態は、生活者自身によって自覚されていることもあれば、そうでないこともあります。その両方を含めて、生活課題ないし支援ニーズとよぶことにしたいと思います。

6 生活課題の態様

そのような生活課題は、①生活不安、②生活不利、③生活支障、④生活困難、⑤生活不能」の五つに類型化することが可能です。生活課題の内容、性格や程度は、それを引き起こす生活負荷要因の種類と自律生活力や自律生活協同力の状況、それが発生する領域の違いによって異なります。また、対応を必要とする程度や必要とされる対応の種類によって多様です。

簡潔にいいますと、生活課題のうち、①生活不安は、就労、育児、加齢などに関わって、生活の先行きが覚束ない、生活が不安定といった状態を意味しています。②生活不利は、傷病や障害、差別、排除などによって生活に不利益がうまれている状態のことです。③生活支障は、保育サービスの欠如、傷病や障害、加齢、家族の介助や介護などによって日常的に生活に支障がうまれている状態を意味しています。④生活困難は、不安定な就労、低額所得、傷病や障害、引きこもりなどによって、一般的、平均的なレベルやスタイルにおいて生活を維持することが困難に陥っている状態です。最後に、⑤生活不能は、所得の欠落や寡少、傷病、重度の障害、単身、などのため、最低限度の生活を維持することが不可能に陥っている状態を意味しています。

7　生活負荷要因

生活負荷要因は、生活者の生活に負荷（ストレス）をかけ、生活課題を引き起こす契機になる要素のことです。そのような生活負荷要因については、すでに生活課題について説明する過程においてさまざまに例示してきたところです。整理して再掲しますと、生活負荷要因は、①生活者の傷病や障害、②社会的な差別・排除、③家庭内の虐待・暴力、④失業・無職、⑤雇用の減退、障害、高齢などによる就労バリア、⑥傷病や障害、高齢などによる所得の欠損、⑦自営その他の低額所得、⑧ハラスメントその他による社会関係のバリア、⑨低所得、障害、高齢などにともなう居住バリア、⑩外国籍、無戸籍などにともなう制度バリア、⑪外国籍や多様性にともなう文化バリア、⑫気候・災害などの環境バリアなどに類型化することができます。これらの生活負荷要因は、それぞれが個別に生活課題をうみだす契機になりえます。しかし、一般的には、複数の生活負荷要因が重なりあって生活課題が引き起こされている事例が多いように思われます。

こうして、社会福祉支援の対象としての生活課題は、多様な生活負荷要因によってもたらされます。しかし、生活負荷要因が存在すれば、あるいはそれらが現出すれば、そこに必ず生活課題が形成されるというわけではありません。生活課題がうまれることもあればそれにいたらないこともあります。そこには、もちろん生活負荷要因の存在、その種類や程度が関わっています。しかし、それ以上に、さきにふれたように、生活課題の形成には、生活者のもつ自律生活力、自律生活協同体のもつ自律生活協同力の状態が密接に関わっています。つまり、生活課題は、生活負荷要因と自律生活力、自律生活協同力の関数として形成されることになります。

8　自律生活力と自律生活協同体

自律生活力そして自律生活協同力は、第3章で言及したように、生活者の自律生活と自律生活協同体を形成し、維持し、発展させる力、あるいは性能であり、①自立力、②自存力、③結縁力、④対処力、⑤回復力から構成されています。まず、①自立力です。われわれのいう自律は自助的自立とは別のものです。自立力とは、みずからの心身の状態を含め、生活を規定する諸要素（生活環境）をみずからの意志と判断にもとづいてコントロール（制御）し、みずからの生命を維持し、行動する力、性能のことです。生活環境をコントロールするには、身体的、精神的に、社会的にも経済的にも、そして人格的にも、それを支える力ないし性能が必要とされます。それが自立力です。

その意味において、自立力が自律生活や自律生活協同体の基軸になります。しかし、もちろんそこでいう自立は自助的な意味での自立、自助的自立ではありません。何らかの事情で自立の力が十分でないために、それを補う手段に頼る、補助具や介助に依存することもありえます。しかし、それは自立不能ということではありません。自立のための依存です。自立のために依存することを含めて、環境をみずからコントロールして営む生活が自律生活であり、その基軸になる力が自立力です。つぎに、②自存力は、生活負荷をもたらす要因に遭遇することがあっても、一定のレベルやスタイルで維持されてきた従前の生活を安定的に維持しようとする力、性能です。③結縁力は、生活を支える生活関係、家族を含めて人とのつながりや結びつき、依存できる関係を創出し、維持する力、性能のことです。④対処力は、生活に負荷がかかる状況が生じたときに、それをもたらした負荷要因、さきに例示したようなさまざまな生活負荷要因にたいして、適切に対処し、それをコントロールする力、回避し、除去し、あるいは改善する力、性能です。⑤回復力は、多様な生活負荷要因によって生活が揺るぎ、損なわれたようなときに、それを従前の状態に復元させ、さらには新しい生活のありように再構築する力、生活再建の力であり、性能を意味しています。

われわれの生活は、常に多様な生活負荷要因にさらされており、生活の維持が損なわれる可能性に取り囲まれ、影響を受けやすい脆弱性をもっています。そこに、さまざまの生活課題が形成されることになります。そうしたなかで、個人、家族、近隣社会が生活課題のもたらす危機的な状況を回避、解決、軽減緩和して生活の自律と協同を保持し、維持存続させ、発展させようとする過程をその側面から支援すること、それがすなわち社会福祉における生活支援です。

ここまで取りあげてきた生活課題、生活負荷要因、自律生活力と自律生活協同力は、いずれも通常の一般的、平均的に生活を営んでいる人びとや近隣社会を前提にしたものです。いうまでもないことですが、貧困者、生活困難者、子ども、高齢者、障害者など、人びとのもつ年齢や性別、健康、機能などにかかる属性、就学や就労、住居や近隣関係の状態、社会環境などのさまざまな条件によって、生活課題も、生活負荷要因も、自律生活力や自律生活協同力も、いずれも異なったものになります。社会福祉の生活支援を効果的に行うためには、そのような利用者のもつ生活課題の状況を、一方においては俯瞰的、普遍的に、他方においては微視的、個別的に分析し、的確に把握することが必要になります。

9 支援対象のフレーミング

しかし、そのような生活課題についても、それが当事者や支援者によって自覚的に把握され、生活支援を求める状況にあるとしても、すべてが生活支援の対象になるというわけではありません。当事者や支援者によって生活支援が求められる生活課題のうち、実際に支援の対象になるのは、その一定の部分です。そこに、政策主体による生活課題の対象化、われわれのいう政策対象のフレーミング ― 政策対象としての切り取り、選別 ― が行われるからです。しかも、支援の具体的な対象は、利用資格の設定というかたちでさらに選別されることになります。そのことについては、つぎの章でもう一度言及します。

第3節　社会福祉の主体

ここでいう社会福祉の主体は、簡潔にいいますと、社会福祉に責任をもち、推進する主体という意味です。その意味での社会福祉の主体は、社会福祉のどこに、つまりどのレベル（次元）に、あるいはどのフェイズ（位相）に焦点化するかによって、さまざまな姿かたちをとって現れてきます。

1　推進主体の構成

われわれは、これまで社会福祉を政策、運営、支援という三通りのレベルないしフェイズにおいて捉えることを前提に考察してきました。この前提に立ちますと、社会福祉の推進主体は、大枠でいいますと、政策の主体、運営の主体、支援の主体に区分されることになります。具体的には、政策の主体に国、運営の主体に都道府県・市町村をあて、支援の主体には福祉サービスの事業者や専門職をあてるというかたちで考察してきました。しかし、二〇世紀から二一世紀への世紀転換期における福祉改革（世紀転換期福祉改革）によって、推進主体の性格は著しい変化を経験することになりました。

政策の主体は、こんにちにおいても、基本的には、国ないし国政府です。さらにいいますと、社会福祉を中心的に所轄している厚生労働省です。わが国における社会福祉の枠組は、国によって国の法令というかたちで設定されてきました。わが国の社会福祉の大きな特徴ともいえる部分です。この部分は変わっていません。基本的にはとした理由は、世紀転換期福祉改革にもとづき、社会福祉が、一部の法定受託事務を除いて、自治体政府、つまり都道府県や市町村、なかでも市町村の固有な事務（自治事務）として位置づけられることになったという事態に関わっています。

この新しい、社会福祉の市町村の自治事務としての位置づけは、自治体政府としての市町村が社会福祉の政策主体としての位相をもつようになったということを意味しています。つまり、市町村は自治体政府として、それぞれの範域、行政区画の内部においては、従前の運営主体としての位相に加え、政策主体としての位相をもつことになったわけです。さらに、世紀転換期福祉改革にもとづき、政府機関としての市町村のみならず、その基盤にある地域社会そのものがその地域における社会福祉（地域福祉）の主体として位置づけられることになりました。実際、地域社会には、市町村の策定する各種の福祉計画に連動する活動計画を策定することが期待されています。それに加えて、それぞれの地域社会に居住し、あるいはそこで活動する地域住民には、社会福祉を目的とする事業を経営する者、社会福祉に関する活動を行う者と協力して、地域福祉の推進に努めることが求められることになりました。地域住民等が直接的に地域福祉を推進する政策主体として位置づけられたことになります。こうして、世紀転換期福祉改革によって、自治体政府としての市町村とその基盤を構成している地域社会は、国との関係においては社会福祉の運営主体という位相をもち、それぞれの市町村と地域社会の内部においては、地域福祉の推進主体、つまり地域福祉の政策主体、運営主体、さらには支援提供主体としての位相をあわせもつということになりました。

社会福祉における生活支援サービス提供主体は、利用者に直接的に生活支援を提供する事業や活動に携わる主体です。支援サービスに関わる事業の提供には、国、自治体から社会福祉法人、民間非営利団体、互助団体、協同組合、会社法人、私人と、多種多様な事業者が関与しています。支援活動の主体ということになると、社会福祉関連の各種の専門職を中心に、医師、看護師、心理士、療法士、ボランティアなどがそれにあたります。これらの支援主体の一部は、地域福祉というコンテクストから捉え直すと、さきにみたように、その推進主体という位相をもつこととなります。

さらに、これら政策、運営、支援の主体以外に、市民一般、納税者などの直接的、間接的なステークホルダー（利害関係者）が社会福祉の推進主体として位置づけられることがあります。むしろ、これからの社会福祉を考えると、これらのステークホルダーを含めて、社会福祉の主体について考察することが求められるでしょう。

ここまでみてきたように、社会福祉の主体は、世紀転換期福祉改革の以前と以後とではかなり異なった様相をもつことになりました。世紀転換期福祉改革以後の社会福祉は、国政府を中心とした社会福祉の基本的な枠組と、自治体政府としての市町村と地域社会を中心とする地域福祉（地域における社会福祉）の推進という枠組が重なりあうところで展開されてきました。これらの改革は、おおむね、社会福祉の新たな展開、社会福祉における市町村や地域社会の自律性、自由な判断や裁量を高める改革として歓迎されてきました。しかし、そこには、さまざまな改革にともなう難題も含まれています。

2 社会福祉における国と自治体

かつての機関委任事務、団体委任事務という建て付けの時代には、社会福祉にかかる政策を策定するのは国政府であり、都道府県や市町村は国の指揮監督のもとに、国政府の定めた事務を運営し、実施する機関という位置づけでした。しかし、世紀転換期福祉改革以降、社会福祉のうち生活保護は都道府県・市の法定受託事務、福祉サービスは都道府県・市町村なかでも基礎自治体である市町村の自治に関わる固有の事務、自治事務として実施されることになりました。国と自治体を対等の関係にするという行政改革の趣旨からすると、福祉サービスにかかる部分については、自治体政府としての市町村が社会福祉政策の中心的な推進主体になったと理解されるところです。

しかし、実質的にみますと、市町村の権限と役割は、各種の福祉計画の企画立案や支援事業の実施に限られています。新たな地方自治体制のもとにおいても、社会福祉の基本的な枠組は国政府によって設定されます。市町村が地域福祉の推進主体になるといっても、その役割は運営主体としてのそれにとどめられています。もちろん、市町村は、国による枠組の外側におて、市町村の単独事業として独自に社会福祉にかかる事業や活動を実施することは可能です。しかし、その場合、費用その他、必要とされる条件の整備は、市町村が単独で負担することになります。財政的に余裕のある市町村を別にすれば、自治体政府としての市町村が政策主体として独自な施策を展開しうる可能性、自由度は限られたものになります。

市町村における人びとの生活は、それぞれの市町村のもつ自然環境、人口規模、階層構造、社会組織、産業構造、生活の慣行や習慣、文化などの諸条件の影響をうけて営まれています。おのずと、生活課題の性格や内容も市町村によって多様であり、個別的です。世紀転換期福祉改革の目的の一つは、そのような生活や生活課題の多様性や個別性、ダイバーシティに対応することにあります。しかし、そのようなダイバーシティ重視の対応には、格差形成の可能性が潜んでいます。実際、世紀転換期福祉改革以降、福祉サービスには、市町村による質量両面における差異、格差が形成されています。

この傾向は、世紀転換期福祉改革のなかで市町村の事業を公共団体や公共的団体のみならず、NPO法人や民間事業者等に委託することを可能にする指定管理者制度が導入されたことによって、一層拡大する傾向にあります。財政基盤の脆弱な市町村ほど、社会福祉施設をはじめとする生活支援事業を外部に委託する傾向がみられます。その典型は、公立（設）保育所の民間化（民間団体への経営委託）です。一部の市町村においては、ダイバーシティを重視するはずの福祉サービスの自治事務化によって、かえって福祉サービスの格差の拡大、事業の縮減、質の低下がもたらされることになっています。

かつて、三浦文夫は、生活課題の多様性、個別性への対応を課題とする福祉サービスにおいては、ナショナルミニマムは成り立たないと主張しました。直接的な理由は、現金を提供する生活保護においては、定量的（金額的）に国民的最低限を算出することが可能であるが、福祉サービスについては定性的なものであるため最低限を設定することはできない、むしろ多様であることに意味がある、ということにありました。たしかに、人的サービス（役務）というかたちで提供されることの多い福祉サービスについて、平均値や最低限を定量的な手法で算出することは困難です。しかし、福祉サービスの領域において拡大しつつある市町村間の格差については、何らかの是正策を講じる必要があります。

3　推進主体としての地域社会

世紀転換期の福祉改革以降、社会福祉における市町村の役割は飛躍的に拡大しました。加えて、そのような市町村の母胎である地域社会が地域福祉（地域における社会福祉）の推進母体として期待されるようになりました。より具体的には、地域社会は、市町村の福祉計画と連動する活動計画の策定者であるとともに、それらの計画を含む地域福祉の推進者、実施者として期待されています。しかし、地域社会にそのような役割、活動を求めるにしても、地域社会とはなにか、それは誰によって、あるいはどのような組織によって代表されるのか、どのようなかたちでの意思決定が想定されうるのか、そうしたことについては必ずしも明確ではありません。地域社会に推進主体としての役割を期待するにしても、誰が地域社会を組織化し、地域福祉にかかる計画を策定し、運営、実施するのか、明確に規定されているわけではありません。

社会福祉法の規定に戻りますと、そのような組織たりうるのは、市町村の社会福祉協議会ということになりそうです。また、社会福祉法は、地域住民、福祉サービスの事業者や関連する活動に携わる活動者（地域住民等）に地域福祉の推進に努めることを求めています。しかし、地域住民のすべてが社会福祉協議会の会員となるわけではありません。福祉サービスの事業者や活動者についても同様です。社会福祉協議会の実態も市町村によってさまざまです。社会福祉協議会が市町村の連携組織として実質的に地域福祉の推進に関わっているところばかりではありません。社会福祉協議会は事業提供に専念し、社会福祉協議会以外の民間の組織や団体が主要な役割を果たしている市町村も存在しています。

地域福祉を推進する地域社会の組織や活動のありようについて、現行以上に、法令等によって規制することは、地域福祉の理念からみて適切ではないかもしれません。むしろ、地域社会の、それを構成する地域住民、団体や組織の自主性、主体性に委ねるのが望ましいとも考えられます。いずれにしても、いま少し立ち入った議論が必要でしょう。

4　主体と対象の互換性

世紀転換期福祉改革には、重要な意味をもつ論点がいま一つ含まれています。それは、社会福祉を推進する立場にある地域住民の位置づけについてです。一般住民はいまは自立した生活を送っていてもいつなんどき利用者の立場になるかわからない、また現在の利用者も推進者、支援者の立場に変わる可能性があるということから、主体と対象の互換性が強調されています。社会福祉において、その利用者と支援者・推進者、さらにいうと一般住民が相互に立場を入れ換える可能性をもっていることの重要性が強調され、その互換性が「地域共生社会」構築の基盤、根拠になりうることが指摘されています。

たしかに、こんにちの社会においては、誰もがいつでも多様な生活課題に遭遇し、社会福祉の利用者（受給者）になる可能性をもっています。そして、いつでも生活課題をもつ状態になりうる、支援を必要とするようなバルネラブルな状態（社会的脆弱性）に陥る可能性をもっているという自己認識を深めることは、生活課題をみずからの生活を支える社会構造の延長線上にある問題として捉える社会科学的な想像力を刺激し、社会福祉にたいする理解を的確なものにする可能性を高めることにつながります。

また、生活支援を活用したことのある利用者がその経験を生かしてよき支援者に転身するということも十分にありうることです。しかし、そのような、立場の入れ換え効果の可能性を根拠にして、地域社会における互助活動や支援活動への参加を働きかけることは、地域住民にたいする過大な期待であり、自己責任主義を強要する契機にもなりかねません。地域共生理念の政策化が、自己責任主義的、道徳主義的な自助社会、互助（共助）依存社会に転化することにならないように、慎重な議論が求められます。

5　福祉サービスの提供主体

第二次世界大戦後の戦後福祉改革以来、福祉サービスの提供は、もっぱら国や自治体の直営か社会福祉法人として認可された民間の事業者によって行われてきました。しかし、一九八〇年代前後から、その周辺に有料老人ホーム事業者や、民間のホームヘルプ協会、ボランティア団体などの互助団体の参入がはじまり、さらに九〇年代にはＮＰＯ法人その他の民間非営利団体が参入するなど、福祉サービス提供主体（事業主体）の多様化、多元化が進行しました。世紀転換期福祉改革以降になると、そこに会社法人や個人が事業者として参加するというかたちで、多様化、多元化はさらに拡大しました。こんにちでは、指定管理者制度の導入とともに、第二種社会福祉事業以下社会福祉を目的とする事業や社会福祉に関する活動については、国・県・市町村による公設公営事業が顕著に縮小する一方において、社会福祉法人（含公設民営）やその他の社団法人に加え、財団法人、宗教法人、医療法人、営利的会社法人、個人事業者まで多種多様な事業者の参入がみられ、まさに多様化、多元化が一般化する時代を迎えています。

一九九〇年代には、このような事業提供主の多元化の意義や実態についての議論がはじまっています。たとえば、三浦文夫は、事業主体を「公共的福祉供給組織」「非公共的福祉供給組織」「行政型供給組織」「認可型供給組織」「市場型供給組織」「参加型供給組織」に類型化して、多元化を論じています。同様に、われわれもかつて、事業主体を「公設公営型供給組織」「認可団体型供給組織」「インフォーマルセクター（近隣支援型活動組織）」「市場原理型供給組織」に分類し、各類型の特徴や意義について考察してきました。

このような類型論的な議論は、事業主体を「公的セクター」「民間セクター」「ボランタリーセクター」「準市場セクター」さらには「市場セクター」などに類型化するかたちで継承されていきます。そうしたなかで、特に着目されたのは「準市場セクター」です。準市場セクターには、公的セクターのもつ集権主義、官僚主義、先例主義などによる硬直性、参入障壁性を打破し、先導的、開発的な試みを導入する可能性をもつ事業形態として期待が寄せられました。

しかし、これらの議論においては、しばしば政策主体のレベルにおける多元化論と運営主体（事業提供主体）のレベルにおける多元化論が混在しており、主体のレベルによる違いを明確化した議論が必要とされます。社会福祉総体のありように関わる政策主体のレベルにおける多元化論と福祉サービスの事業提供主体のレベルにおける多元化論では、同様に主体類型の性格や効用を論じるにしても、また内容的に相互に関連するところがあるにしても、基本的には別立ての議論として展開される必要があります。

ちなみに、われわれがこれまで政策とよんできたレベルにおいて、社会福祉を国家機関に委ねるべきか、あるいは市場原理に委ねるべきかという議論を試みるとすれば、それは社会福祉の基本的な概念の組立直しにつながる議論になります。支援事業の提供主体のレベルにおける議論ですと、その内容は、たとえば、社会福祉法人をはじめとする各種の公法人、ＮＰＯ法人、医療法人などの非営利法人、各種の営利法人によって、提供される福祉サービスにどのような違いがうみだされるのか、そのことが社会福祉の運営にたいしてどのような効用、意味をもつことになるかを解明するということになるでしょう。いずれにしても、性急な利益至上主義的な結論に陥ることのないように、慎重に議論を積み重ねることが求められるところです。

6 支援活動の主体

社会福祉の最終的な実現の過程を担うのは、支援レベルの主体、すなわち一般的にいう社会福祉の実践主体です。社会福祉における支援が具体化され、利用者に提供される過程を担うのは、社会福祉の専門職を中心とする、医療、看護、心理、教育などの各種の専門職から構成される要員組織（マンパワー）です。

社会福祉の実施、実現過程は、そのような専門的な要員による人的サービス（専門的役務）の提供、そのために必要とされる各種専門職相互の連携、協働によって支えられています。社会福祉の個別の施策にしたがい、それぞれ生活支援について必要な要員の職種や員数を選択し、配置する手立てを講じるのは政策レベルの課題です。設定された要員を確保し、組織化し、稼働させる過程は、運営レベルの課題です。生活支援の実施、実践のレベルにおける課題は、それらの要員によって、社会福祉の支援を具現化し、利用者のもとに提供すること、あるいは利用者と協働して生活支援を実現することにあります。その意味において、支援の過程を支える主体こそが社会福祉にとってもっとも重要な主体です。支援レベルにおける主体が存在し、適切に機能しなければ、社会福祉そのものが存立しえません。

一九八〇年代末以降、社会福祉士、精神保健福祉士、介護福祉士をはじめとして各種の社会福祉専門職の資格制度が導入され、定着してきたことは、わが国の社会福祉を前進させる大きな、そして重要な契機になりました。今後においても、社会福祉の専門職にかかる研究と教育、また現任訓練の改善、向上によって、支援レベルを支える実践主体としての専門職集団の発展がもたらされることを期待したいと思います。

しかし、近年、高齢社会化による生活課題が質量ともに拡大し、高度化するなかで、支援の担い手となる職員に関する議論は、専門職の確保というよりもむしろ単なる労働力、要員としてのマンパワーの確保というニュアンスで議論される傾向にあります。外国籍の介護職従事者の確保を期待するというコンテクストにおいてマンパワーが語られるときには、特にそうです。しかし、介護職従事者といっても、介護とよばれる社会福祉の専門的な生活支援を具体化し、支える社会福祉の重要な専門職です。外国籍の介護職者が主体的、自発的に、そして専門職者としての動機づけをもって活動できる条件を整備することは喫緊の課題です。社会福祉の専門職として適切に位置づけるとともに、地域社会の一員として定住することのできる環境条件を整備することが介護職確保の不可欠の要件でしょう。

7　国・自治体と地域住民

最後に、ここまでの議論をふまえ、社会福祉の主体としての国と自治体、国・自治体と地域住民との関係について、改めて整理しておきたいと思います。

現代社会は、二〇世紀中葉以降、福祉国家とよばれる体制を構築し、維持する過程において、国があらかじめ国民ないし地域住民から徴収した国税（所得税など）や住民税をもとに、一定の権限、物財、情報、要員、財源を調達し、それを社会福祉という施策の体系にまとめあげ、それを自治体の参画を求めて生活支援というかたちに具現化し、国民ないし地域住民に提供することを通じて、人びとの自律生活と自律生活協同体の保全、維持存続をはかるという営みを実施してきました。今後とも、このような、国が社会福祉をその政策として策定し、それを自治体を通じて実施するという基本的な枠組が根底から覆るというような事態はまず起こりえないでしょう。しかし、その枠組も恒常不変というわけではありません。

実際、わが国の社会福祉は、一九八〇年代以降、なかでも世紀転換期福祉改革以降、かなりの改革を経験してきました。第一には、かつて国政府の自治体にたいする機関委任事務や団体委任事務として実施されてきた社会福祉が、自治体政府、なかでも基礎自治体である市町村の法定受託事務と自治事務に改められました。社会福祉にとって大きなできごとです。第二に、その過程において、市町村と地域社会の連携が求められ、地域住民が社会福祉の事業を経営する者や社会福祉に関する活動をおこなう者とともに、地域福祉の推進者、推進主体として位置づけられることになりました。社会福祉の推進における市町村政府や地域社会の比重が一挙に拡大することになったのですが、そのなかで地域住民が社会福祉の利用者であるとともに、その

図8　社会福祉における国・自治体・地域住民

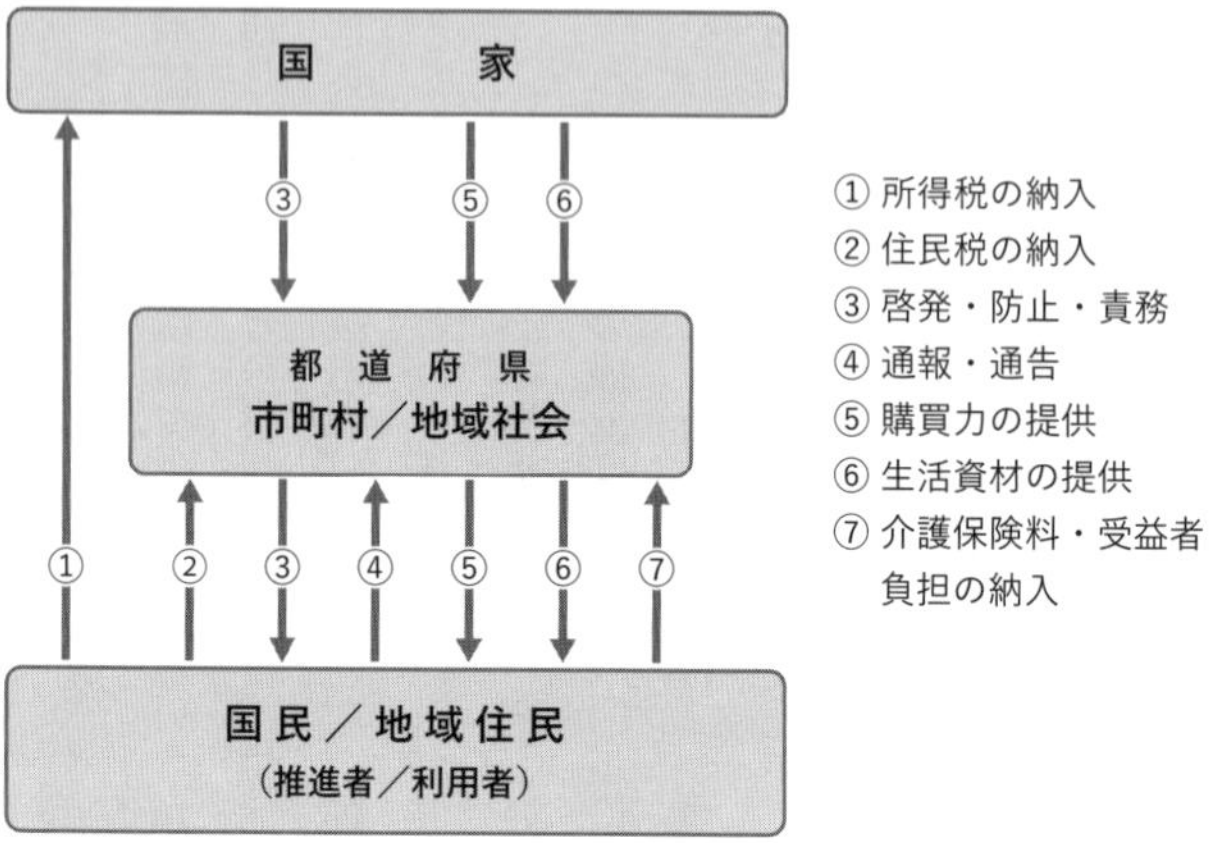

推進者としての役割を担うことになったわけです。

いずれも、社会福祉の基本的な枠組に大きな変化をもたらすことになった改革です。図8の「社会福祉における国・自治体・地域住民」を参照してください。図8は、以上のような世紀転換期福祉改革をふまえて、社会福祉における国政府、自治体政府、地域住民の関係を整理したものです。ここまでふれてきたことと結びつけ、必要な説明を追加していきます。ちなみに、地域住民は、国民を居住している市町村という単位でカテゴライズした概念です。地域社会は、そのような地域住民によって構成されている集合ないし団体として話を進めたいと思います。

まず、一般的にいうと、国政府と地域住民（国民）との関係は、国が地域住民から徴収した①所得税をもとに、一定の権限、物財、情報、要員、財源を動員し、社会福祉という施策を策定し、市町村政府は国の負担金と②住民税、さらには⑦介護保険料や受益者負担を活用して、社会福祉施策を具現化し、実施するという関係になります。そして地域住民は、その施策の受益者（利用者）になるとともに、児童、障害者、高齢者にたいする配慮の実施、権利の擁護、禁止行為の遵守、通報、通告について一定の義務を負い、地域福祉の推進者となることが求められることになります。

多少具体的にいうと、社会福祉のうち⑤購買力の提供については、自治体政府にたいする法定受託事務という経路を介して、地域住民に向けて提供されます。福祉サービスは、市町村政府の自治事務として、地域社会と連携しつつ、地域住民に提供されます。そのうち、まず、国は、国民や地域住民にたいして③社会的な啓発や規整を行います。地域住民はそれに対応して、差別や虐待の防止、禁止についてそれを遵守する責務を負うとともに、④通報や通告の義務を遂行することが求められることになります。つぎに、市町村政府や地域社会は、地域住民にたいして⑥生活支援に必要な生活資財（生活資料・人的サービス・システム的サービス）を提供します。

こうして、こんにち、地域住民（国民）は、このような過程を通じて、国政府や自治体政府にたいして所得税、保険料、受益者負担金を納入する義務を負い、そのことによって社会福祉による生活支援の受益者となります。同時に、地域住民と地域社会には、地域における社会福祉（地域福祉）の推進者（推進主体）となることが求められることになります。

第7章

社会福祉の施策体系(2)
—政策・運営・支援—

第1節　社会福祉の政策

社会福祉における政策の研究、あるいは政策という視点に立つ社会福祉の研究には三通りのパターンが存在します。第一のパターンは、社会福祉の総体を国の政策ないし国による政策という視点から捉え、なぜ社会福祉が国の政策、国の方策手段として位置づけられることになったかを探求し、そのことを通じて社会福祉の基本的な性格を明らかにしようとする研究です。第二のパターンは、国の政策として策定される社会福祉を、利用者の範疇ないし属性ごとに捉え、それぞれの個別政策について、その成立過程、構造、内容、機能などを明らかにしようとする研究です。第三のパターンは、個別の政策を素材にしつつも、政策の企画立案、制度設計、法制化、法令の運用施行、そして結果と評価にいたる経過を一箇の過程としてとりあげ、それを規定する要因やメカニズム、思想や理論などについて明らかにしようとする研究です。

1 社会福祉の政策論

これら三通りのパターンのうち、わが国の社会福祉学研究において最初に取り組まれたのは第一のパターンです。わが国で一般的にいう政策論とよばれる研究の系譜がこれに相当します。第二のパターンは、典型的には、伝統的に社会福祉に関する法制を構成してきた生活保護法、社会福祉事業法、児童福祉法、身体障害者福祉法、老人福祉法などの成立過程やその後の推移に関する研究です。第三のパターンに属する研究としては、第二のパターンの発展形態として取り組まれている研究や地域福祉計画その他の福祉計画についての研究がみられますが、むしろこれからの課題というべきでしょう。

第一のパターンに属する社会福祉政策についての研究は、すでに第5章において言及したように、第二次世界大戦直前の一九三八年に提起された大河内一男による社会事業の研究を嚆矢《こうし》とします。この大河内の議論は、戦後になって孝橋正一によって批判的に継承発展させられ、さらに一九六〇年代、七〇年代には一番ヶ瀬康子や真田是らによる社会福祉の政策理論として発展させられました。

大河内や孝橋による社会事業論、一番ヶ瀬や真田による社会福祉論の特徴は、そのいずれもが、近現代社会が資本主義社会であることを前提に、社会事業あるいは社会福祉を国家の政策として捉えているところにあります。ただし、同様に国家の政策であっても、それぞれの時代における経済、社会、国家のありようを反映して、社会事業と社会福祉とではその内容が異なってきます。社会事業は、労働組合や社会主義運動による社会的な圧力や緊張の高まりに対処し、労働者や困窮者のかかえる困窮、傷病、浮浪などの社会問題（社会的問題）を軽減緩和し、社会秩序の安定化、資本主義制度（体制）の維持存続を意図して展開される国家の政策、方策手段として捉えられてきました。それにたいして、社会福祉は、国民一般にたいして、生活問題を解決し、あるいは軽減緩和するとともに、健康で文化的な生活を営むことをその権利として保障することを通じて、福祉国家体制の求心力、統合力を高め、その存続・発展をはかろうとする政策、方策手段として位置づけられてきました。

国家による政策という視点から端的にいいますと、社会事業は、一九世紀中葉以降、国民国家が帝国主義的に展開するなかで、従前の慈善事業、救貧事業、共済事業を継承し、発展させることを通じて、社会的秩序を安定化させ、資本主義制度（体制）の維持存続をはかる国家の政策として成立したということになります。これにたいして、社会福祉は、二〇世紀の中葉、そのような社会事業の新たな展開として福祉国家政策の一環に組み込まれることによって成立し、国民の生活を安定化させ、福祉国家型資本主義の発展に寄与してきたということになります。この過程は、社会福祉のいわば国家型社会福祉としての展開を物語っています。しかし、その国家型社会福祉は、一九八〇年代を分水嶺として多元型社会福祉に移行しました。さらに、二一世紀を迎えて以降、地域共生社会が政策化されるなかで、自助型社会福祉ともいうべきものに移行しようとしています。国の政策としての社会福祉がどこへ向かおうとしているのか、改めて批判的、理論的に考察しなければなりません。

2 個別政策の研究

政策研究の第二のパターンは、利用者の属性や目的によって範疇的に形成される個別的な方策手段としての政策についての研究です。たとえば、困窮者、児童、母子、障害者、高齢者などの生活問題（利用者のサイドからいうと生活課題）の解決や緩和、軽減をめざして分野別に策定されている政策についての研究です。

個別政策についての研究は、これまで主に、第二次世界大戦の直後、戦後福祉改革の一環として制定され、あるいは改正された社会福祉関係の法令、すなわち生活保護法、児童福祉法、身体障害者福祉法、社会福祉法などの法令について、それぞれの法令の企画立案の過程や国会審議にかかる議事録などを発掘し、編集刊行するというかたちで進められてきました。関係資料の発掘や整理を中心とした手数と労力を必要とする基礎的な研究ですが、社会福祉の政策過程の解明に寄与する重要な研究となっています。

近年においては、社会福祉関係施策の成立、展開の過程をとりあげ、政策課題（生活課題）の対象化、つまりフレーミングの状況やその論理、それらの時代的な推移、個々の政策において採用されてきた方策手段の種類や内容、それらを規定した要因、政策実施の結果など、細部にわたって分析・考察した研究の成果が刊行されています。そこには、政策実施の基準、要領などの補助的な規程についての研究も含まれています。

そのような研究を代表する業績として、たとえば、第二次世界大戦後の社会福祉政策の年代史的な展開とその論理を包括的に取りあげた岩田正美の研究、生活保護に関する岩永理恵や副田義也の研究があります。また、オーラルヒストリーという新たな方法論による研究として、菅沼隆らによる厚生行政に関与してきた官僚に試みたヒアリングとその記録の刊行があります。菅沼らの研究は、社会保障、社会福祉の戦後史におけるエポックメーキングな政策の企画立案、実施に関わってきた厚生官僚にたいするヒアリングを通じて政策の企画立案から施行にいたる過程を明らかにしようとしたものです。なかでも、児童福祉領域に関しては、その領域において自治体の吏員、厚生官僚、そして後には大学の研究者として政策の形成、運用の過程に関与してきた柏女霊峰にヒアリングが実施されており、児童福祉にかかる政策の展開過程を知るうえで貴重な業績になっています。

3 政策過程の研究

政策研究の第三のパターンは、そのような狭義の、個別政策の企画立案・策定、法制化からその施行・運用・実施、そして経過や結果の評価にいたる政策過程についての研究です。すなわち、政策目的の決定から制度の設計、審議会などの審議機関による審議、法案の作成、議会による審議と制定、そして所管官庁による施行・運用・実施に及ぶ過程についての研究です。政策過程に関わって検討すべき事項、論点は多岐にわたります。項目的に列記してみますと、政策過程にかかる研究の課題は、①政策課題・目的・理念・目標の設定（生活課題の対象化）にはじまり、②先行施策の検証、③制度の設計（企画立案）、④審議会等による審議、⑤業界その他の利害関係者（ステークホルダー）のヒアリング、⑥法案の作成、⑦議会（国会・地方議会）による審議、⑧施行・運用にかかる下位規程の策定、⑨実施要領・マニュアルの作成、⑩政策の施行・運営・支援の実施、⑪成果・効用の評価、⑫政策の修正・改正案の作成、実現にいたるまで多岐にわたります。さらに、③制度の設計（企画立案）だけを取りあげてみても、そこには政策目的を達成するための方策手段の選択、必要な機関や施設、利用資格、利用手続きなどの設定、財源調達の方法、マンパワーの設定などさまざま局面が含まれており、政策過程研究を行き届いたものにするためには、そこまで掘り下げた研究が必要とされます。

取りあげた事項のすべてについて敷衍する余裕はありませんが、一部を例示しておきます。たとえば、政策策定に関する研究の最初の課題は、人びとの生活上に形成されている生活課題が政府（管轄官庁）によって政策の対象として設定される経緯、過程について明らかにするということです。生活課題が形成され、その解決や軽減緩和が政策課題として取りあげられたとしても、そのすべてが政策の対象になるわけではありません。政策の対象になるのは生活課題の一部であったり、生活課題をかかえる人びとの一部であることがほとんどです。政策が策定される過程において、生活課題の一部分が政策対象として選別され、切り取られるのが一般的です。生活課題の対象化、フレーミングとよばれる過程です。その過程には、専門的、科学的な判断基準を含め、政治的、経済的、社会的、規範的などのさまざまな要因や判断（価値）基準の関与が想定されます。

政策の策定にあたって、生活課題はどのような課題ないし問題として捉えられているのか、いかなる視点や観点、価値基準にもとづいて国の関与すべき生活課題として捉えられているのでしょうか。そのことによって、政策の対象となる課題の範囲や内容、解決のために導入される方策手段は異なったものとなります。たとえば、就労していない生活困窮者について、就労に必要なスキルが不足していることが原因となっているという認識に立てば、スキルの向上や新たなスキルの習得をめざすことが課題解決の方向になります。就労意欲の低位性という認識に立てば、その改善、向上をはかる方策の導入が方策手段になります。同様に、子どもや高齢者にたいする虐待、家庭内暴力、非行行動、ひとり親などについても、その捉えかたによって、導入される政策の内容は異なったものになります。

実施要領やマニュアルの作成過程、その内容についての研究もまた、政策過程研究の重要な課題です。それらは政策とは関わりのない事項とみなされることも多いといえます。しかし、通常、要領やマニュアルは管轄官庁の通達・通知として位置づけられ、そのようなものとして機能しています。広い意味では法令の一部分です。そこには、政策的な判断が濃厚に含まれています。実際、社会福祉における支援の方法や内容は、たとえば、児童養護の形態をみても、介護サービスの種類にしても、政策的な枠組によって規整され、方向づけられています。実施要領やマニュアルについての研究は、社会福祉における政策過程研究の重要な一部分です。

しかし、個別政策の形成過程について詳細を知り、研究の対象にする作業にはさまざまな困難がともなっています。政策過程は、それぞれの政策を所管する管轄官庁の内部で進行します。公開される各種の審議会や委員会、研究会等の議事録や報告書、国会や自治体議会の議事録などを除けば、そこに関わる情報に接近する機会は限られています。そのため、生活課題がフレーミングされ、政策対象化される過程においてどのような議論がなされたのか、そこでどのような要因が考慮され、いかなる判断基準が適用されたのか、またどのような利害関係者（ステークホルダー）が関与しているのか、それを明らかにすることには多くの困難がともないます。しかし、社会福祉にかかる政策の改善と向上をはかるには、そのような政策過程に踏み込んだ実証的かつ理論的な研究の進展が不可欠とされます。

第二次世界大戦後、一九七〇年代頃までの社会福祉学の研究は、社会福祉を資本主義国家の政策として捉え、そこに社会福祉の基本的な性格（本質）が存するということをいかに的確に、理論的に説明することができるか、そのことを軸に展開されてきました。その結果として、社会福祉の政策に関する研究は、個々の政策の組み立てや実施の過程、成果や効用を具体的・客観的に評価し、批判するというよりも、それがいかに資本主義の制度や体制の維持存続に資する内容になっているか、その根拠を剔出し、批判するというスタイルになることが多かったように思います。わが国の社会福祉政策論は、政策論といいつつも、実際には現実の政策から遊離した、いわゆる社会福祉本質論として展開されてきたかに思われます。個別政策についての客観的・実証的な政策過程論的な研究の意義は、それ自体のもつ重要性にとどまりません。そこには、原理論的な研究に厚みを加え、その発展をもたらす重要な契機が含まれています。

第2節　社会福祉の運営

1　社会福祉のガバナンス

社会福祉の運営にかかる諸問題をどのように扱うか、それがつぎの課題です。用語としては、運営というよりも経営とすべきだとする言説もみられます。そこでは、なぜ運営なのかという議論がなされています。辞書的な詮索はあまり意味をもちませんが、議論の内容に関わることでもあり、若干言及しておきましょう。

『大辞林』（電子版）によれば、運営は「組織や機構などを動かし、うまく機能するようにすること」を意味しています。経営については「方針を定め、組織を整えて、目的を達成するよう持続的に事を行うこと」とあります。比べてみると、経営には「方針を定め、組織を整え」るという文言が含まれています。経営には、運営に比べて、より目的志向的かつ包括的な意味内容が与えられているように思われます。運営は、定められた組織や機構をただ作用させ、機能させるという意味にとどまっており、その限りにおいて受動的、ルーティンワーク的な印象は避けられません。

他方、和英辞典をみると、運営も経営もオペレーション、アドミニストレーションとあります。『オックスフォード現代英英辞典』で確認しますと、オペレーションの意味は、『大辞林』にいう運営に近く、アドミニストレーションについては、「ビジネス、学校、その他の制度を計画、組織化し、動かすための諸活動」とされています。

社会福祉の三層構造においていう運営は、内容的には、所与の組織や機構をただ作用させるという意味ではありません。方針の策定や組織の整備を含む、『オックスフォード現代英英辞典』にいうアドミニストレーションにあたります。

社会福祉に経営という用語を最初に持ち込むことになったのは、三浦文夫の『社会福祉経営論序説─政策の形成と運営─』（一九八〇年）です。三浦はそこで、先例として都市経営という用語法が存在していることを引きあいにだしながら、社会福祉に関わる政策の形成と運営を論じました。この三浦の議論は、社会福祉の研究に新たな手法と領域を開拓するものとして研究者を含めた関係者たちに歓迎されました。しかし、同時に、書名の社会福祉の「経営」が社会福祉に利益追求という観念を持ち込むものとして強い批判を被ることになりました。三浦の趣旨は、むしろ「政策の形成と運営」という副題に示されていましたが、そこに込められた三浦の新たな社会福祉研究の構想は、孝橋正一らの社会福祉政策論とは相容れないものでした。また、このような三浦にたいする批判には、わが国では一般的に、経営という用語が「会社、商店、機関など、主として営利的・経済的目的のために設置された組織体を管理運営すること（『日本語大辞典』）」を意味する言葉としてもちいられてきたという事情が根深いかたちで関わっていました。

すでに明らかなように、ここまでのわれわれの議論のなかには、三浦の社会福祉経営論がもたらした展開を批判的に受容する部分が少なからず含まれています。ただし、われわれは、経営という言葉のもつ一般的な用語法の混入を回避するために一貫して運営という用語をもちいてきました。社会福祉は、その基本的な性格として、「営利的・経済的目的のために設置された組織体」ではありえないと理解しているからです。

2　運営の原理と原則

さて、かねてわれわれは、社会福祉の運営のありようや支援の実施過程を分析し、評価するための準則、枠組として「社会福祉運営の原理と原則」を提起してきました。運営の原理を構成する要素は(a)権利性、(b)普遍性、(c)公平性、(d)総合性であり、原則を構成する要素が(e)有効性、(f)接近性、(g)選択性、(h)透明性、(i)説明責任性です。これらの社会福祉の運営に関する原理と原則は、いずれも一九九〇年代におけるわが国社会福祉のありようと、その当時の福祉行財政改革に関わる議論の整理を意図して構成したものです。以来、すでに三十余年の歳月が経過しています。この間の社会福祉の変容やそれをめぐる議論の変遷を踏まえれば、その的確な検証のもとに、社会福祉の運営を論じる視点や枠組について、改めて考察することが求められます。

他方、第二次世界大戦後から一九八〇年代の頃まで、社会福祉の運営や管理といいますと、それはもっぱら社会福祉施設や社会福祉協議会の運営や管理について研究する領域であるとみなされてきました。そこでは、社会福祉施設や社会福祉協議会における権限の配置や執行の体制、事業推進の手順、財政の運用、人事管理、労務管理、リーダーシップやチームワークなど、社会福祉にかかる組織の内側における活動のありようや現職研修などが主要な研究の課題とみなされました。もちろん、社会福祉の運営にとって、これらの事項についての研究が重要な意義をもつことは指摘するまでもありません。しかし、われわれは、ここでは、社会福祉の全体のなかで運営という位相がどのような位置にあり、いかなる意味をもつかということについて考察することにします。そうすることが、個別の事項に関する研究を進める前提となるからです。

3　社会福祉運営の三層構造

われわれがここでいう社会福祉の運営は、国政府による法令等によって設定された基本的な枠組を前提としつつ、都道府県や市町村、なかでも基礎自治体としての市町村そして自治体政府としての市町村が、それぞれの市町村とその基盤となる地域社会のもつ社会的、経済的、政治的、文化的な諸条件と地域における住民の生活の実態に応じて、多様な生活課題に対処するために、自発的、主体的に目的と目標を定め、施策を企画立案、計画し、必要とされる機関や施設、組織、財源そして要員を準備するとともに、支援提供の事業を適切かつ効果的に運営、実施する体制を整え、推進することを意味しています。そのような意味における社会福祉の運営は、図9の「社会福祉運営の三層構造」にみられるような体制のもとに展開されています。

世紀転換期以前、一九九〇年代までの社会福祉は、国政府がその責務とされる社会福祉の事

図9　社会福祉運営の三層構造

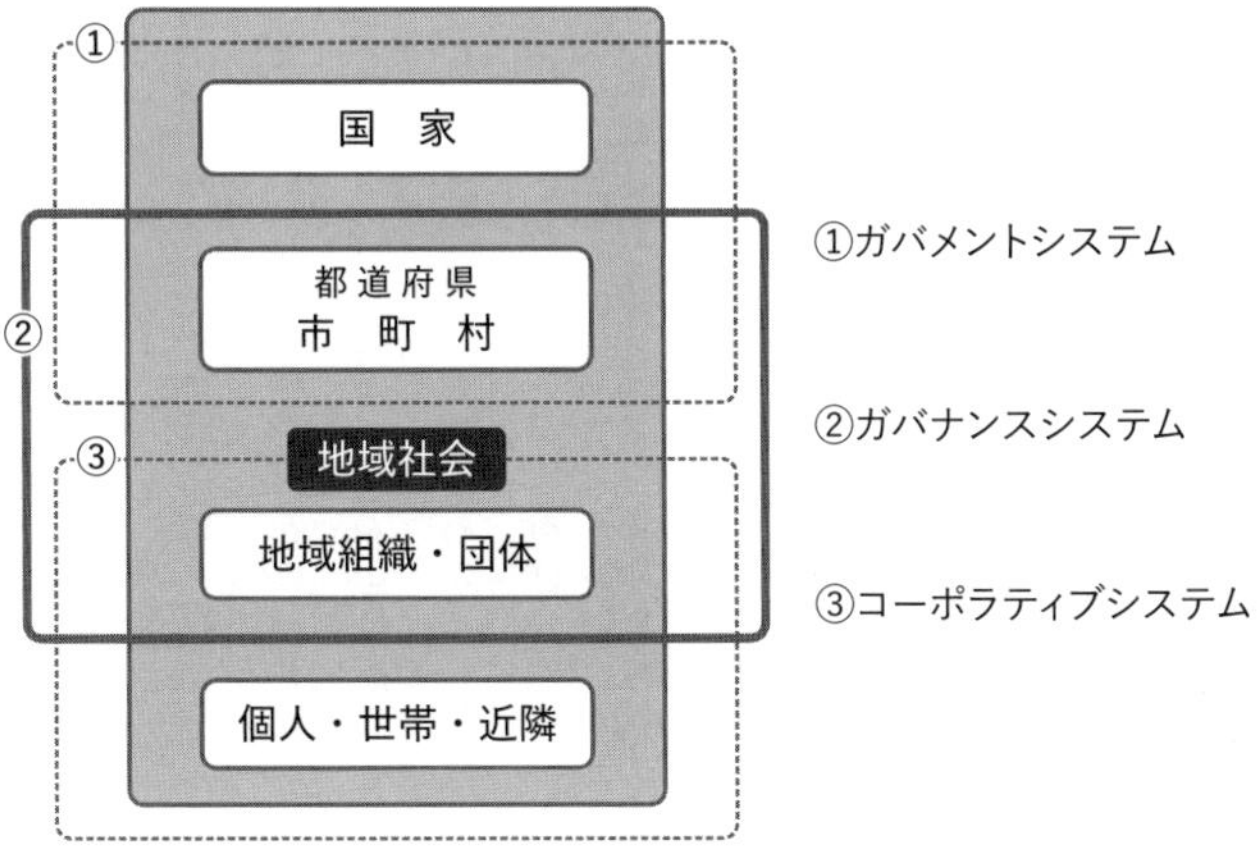

業を機関委任事務や団体委任事務という行政の枠組（ガバメントシステム）を通じて、都道府県や市町村の首長、ないし都道府県や市町村という自治体に委任して実施するという体制のもとに運営されてきました。都道府県や市町村という自治体は、この委任制度にもとづいて、それぞれの都道府県や市町村における社会福祉の事業を公設公営というかたちで直接的に実施し、あるいはその一部について社会福祉法人その他の民間団体に委託（措置委託）して行うことが認められていました。

わが国の社会福祉は、第二次世界大戦後の戦後改革から世紀転換期の地方自治行政の改革まで、国家（中央政府）を中心にする中央集権的、官僚主義的なガバメントシステムにもとづいて実施されてきました。しかし、二一世紀以降、社会福祉は、その一部に法定受託事務というかたちで中央集権的なシステムを残存させながらも、基本的には、都道府県と市町村、なかでも基礎自治体である市町村とその母胎である地域社会による運営が求められるように変化してきました。社会福祉は、自治体政府としての市町村と地域社会を単位に、そのガバナンスシステム（自己統治＝自治システム）にもとづいて運営されるべきものとして位置づけられることになりました。さらに、社会福祉の運営には、地域社会における社会福祉の事業や社会福祉に関する活動を行う各種の組織や団体、さらにはそれを下支えする地域住民の参加、参画が期待されるようになりました。すなわち、社会福祉におけるコーポラティブシステム（協同システム）の活用です。

こうして、こんにちの社会福祉は、国政府中心のガバメントシステム、自治体政府としての市町村中心のガバナンスシステム、地域社会におけるコーポラティブシステムという三通り、三層からなる運営システムを通じて実施されています。運営という視点にたてば、その中心に位置するべきは、自治体政府としての市町村と地域社会を構成する組織や団体によるガバナンスシステムです。

このような社会福祉の運営システムの構築は、一九八〇年代を分水嶺とする福祉国家批判の潮流のなかで推進されればじめた福祉改革、すなわち社会福祉の分権化、地域化、計画化、多元化に遡及することができます。わが国の社会福祉は、八〇年代にはじまる福祉改革、世紀転換期にはじまる基礎構造改革を通じて、基礎自治体としての市町村やそれを支える地域社会の意志や意図、利害を反映させやすい運営体制、運営システムに変化してきたといって過言ではありません。そのことは、福祉改革以来の社会福祉改革の積極的な側面として評価することができます。しかし、その一方において、八〇年代以来の福祉改革が市町村や地域社会の、なかでも地域社会を構成する地域住民の責任を拡大する方向に推移してきていることもまた事実です。地域住民の主体化によるコーポラティブシステムへの過度な期待は、かえって社会福祉の根元を掘り崩す可能性を内包させています。

社会福祉の新しい運営システムを適切に機能させるためには、国と都道府県・市町村との関係、都道府県と市町村との関係、市町村と地域の組織や団体との関係、そして地域福祉の主体として位置づけられる地域住民の役割と参画の方式についての、客観的で慎重なチェックと評価を行い続ける必要があります。社会福祉の分権化や地域化には、国政府から自治体政府への権限委譲（デボリューション）のみならず、国や自治体から民間への事業委託などの民間化、さらには民営化（プライバタイゼーション）が含まれています。

社会福祉を適切に運営し、地域住民にたいし、高い品質の生活支援を提供するためには、分権化や地域化、さらには民間化、民営化が地域社会依存、地域住民依存の社会福祉に傾斜することのないように、運営過程についての絶えざるプロセス評価やアウトプット評価を実施することが必要とされます。実際、社会福祉の分権化や地域化は、一部において、国の自治体にたいする国による実質的な指揮命令権の温存、自治体の国にたいする依存、そして自治体間の格差の拡大をもたらしています。民間化、民営化の推進は、社会福祉事業の民間、民営にたいする過剰な権限の委譲と依存をもたらしています。いずれも、基礎自治体による社会福祉の空洞化の進行が懸念される状況です。ガバメント、ガバナンス、コーポラティブという三層から構成される運営システムについて、システム相互間の関係を含めて、絶えざる評価と改善の努力が必要とされます。

4　社会福祉の計画化

社会福祉の運営に関わって具体的に検討されるべき課題は多岐にわたっています。そのなかで基本となるのは、社会福祉運営の単位となる都道府県や市町村において、地域住民が現に担っている、また将来において担う可能性のある多様な生活課題にたいして、それらの予防、解決、軽減緩和に必要とされる生活支援、その実施に必要とされる相談窓口や施設、資財、要員などが質量両面において適切に準備されうるかどうか、ということでしょう。一九八〇年代以来の福祉改革のなかで、高齢者、児童、障害者について福祉計画の策定が求められ、こんにちにおいてはその上位計画として地域福祉計画の策定が求められています。社会福祉支援を必要とする生活課題とそれへの対応に必要とされるさまざまな社会的資源について、現在から将来に向けてそれらをいかに確保し、準備することができるのか、その中長期的な見通しを福祉計画として作成し、公にすることが都道府県・市町村と地域社会に求められることになったわけです。それまでの長年の事後処理的、後追い型の社会福祉行政を計画行政に転換する措置であり、その限りにおいて画期的な改革になったといえるでしょう。

こうした改革の進展に対応するかたちで、社会福祉学においても、地域福祉の領域を中心に、平野隆之その他によって福祉計画を策定し、推進するうえで必要とされる権限、情報、資材、要員、財源などの質量、提供されるべき支援の種類と内容、準備されるべき組織、機関や施設の種類、さらには計画の策定にかかる知識や技術、評価の手法など、福祉計画に関わる実際的、理論的な研究が展開されてきました。福祉計画やその研究は、社会福祉の新しい領域として、関心を集め、期待されてきました。しかし、こんにち、わが国は超少子高齢社会に転化し、人口資源をはじめとして経済力の縮小、低下が深刻に懸念される状況にあります。そうしたなかで、社会福祉の将来をどのように展望し、計画化するのか、社会福祉学に課せられた課題は大きいと思います。

5　専門職組織の運営と管理

実際、八〇年代以来、わが国の社会福祉は、超少子高齢社会化、人口逓減化、所得格差の拡大、単身生活者や孤独・孤立の拡大などによる生活課題の多様化、複雑化、高度化に直面するようになり、生活支援の方法もかつての入所型の生活施設を中心とする支援から在宅型の地域社会をベースにする支援、そして社会福祉士、精神保健福祉士、介護福祉士、児童指導員、保育士などの各種の社会福祉専門職による専門的な生活支援という方向に転換してきました。

そのなかで、社会福祉による生活支援が社会福祉関係専門職による専門的な生活支援として多様化し、複雑化し、高度化してきたことは、社会福祉の発展として評価することができます。しかし、その一面において、社会福祉施設に限らず、地域におけるケアにおいても、そのような専門職による、利用者の行動の抑制や拘束、性的な事案を含めた各種の虐待やハラスメント、あるいは窃盗や詐欺などの犯罪行為が看過し難い数で発生しています。

伝統的な社会福祉施設や機関の運営管理を中心にした研究や対応策の必要性、重要性が減少しているというわけではありません。しかし、こうした状況をみれば、人事管理、労務管理、組織運営、現任研修などに関する研究の拡充を求める状況はむしろ拡大してきているように思います。リーダーシップ、グループダイナミックス、組織経営などに関する関連諸科学の研究を援用する研究だけでは十分ではありません。また、専門分野におけるスーパービジョンの拡充による対処にも限界があります。しかし、とはいえ、一部において推進されている、人柄や人間性、前歴よって現職者や入職希望者の適格性を判断するという方法では、専門職の健全な発展にはつながらないように思われます。

社会福祉の専門職としての発展と専門職組織の運営管理を確実なものとするためには、従来とは異なった視点と枠組が必要になります。われわれが着目するのは、社会福祉による生活支援活動がいずれも人の労働（役務＝人的サービス）というかたちで提供されているという事実です。そこに着目することよって、われわれは、専門職による生活支援活動の性格とそれに対応する人事や労務、職務組織の運営管理を考える新たな視点と枠組を設定することが可能になります。

まず、専門的な支援の活動を人の労働を通じて創出される人的サービス（役務）として捉えることにしましょう。この意味での人的サービスは、その基本的な特性として、①非貯蔵性、②無形性、③一過性、④不可逆性、⑤認識の困難性という特性をもっています。①非貯蔵性は、人的サービスはあらかじめ生産し、貯蔵することができないという意味です。②無形性は、人的サービスの源泉は人間的労働であり、有形性をもつ物財とは区別されるということです。③一過性は、人的サービスは生産と消費が同時的に行われるものであり、完全に同じサービスを繰り返すことができないということです。④不可逆性とは、人的サービスは一度行われれば回収することができず、サービス提供以前の状態に戻ることができないという意味です。最後の⑤認識の困難性は、以上のような特性の結果として、人的サービスはその内容、提供過程やサービスの有効性、妥当性、効率性などを的確に観察し、評価することが難しいという意味です。

このような視角を適用していいますと、人的サービス（役務）としての支援活動、たとえばソーシャルワークは、別の場所においてあらかじめ活動（生産）し、必要に備えて備蓄するということはできません。また、支援活動は、基本的には時間と空間を共有する利用者と支援者のあいだで行われる人的サービスです。利用者と支援者がいて、相談や助言が行われている状況を観察することは可能です。しかし、相談や助言そのものを取り出して直接的に観察することはできません。その意味において、非可視的です。相談や助言はそれが行われると同時に消滅してしまいます。ケース記録や引き継ぎ簿、あるいはテープレコーダーや動画などによって残されていなければ、相談や助言の内容は第三者には認識することができません。相談や助言にいい直しや撤回はありえません。それにもかかわらず、人的サービスとしての支援活動は、利用者の生活や人格に復元できない影響を残すことになります。しかも、そのような生活支援活動が相談コーナー、面接室、居室、居宅などの密室的な状況において行われています。養護、療護、介護、保育についても、それらが人的サービスであることに着目すれば、同様の指摘が可能です。このような状況のなかで、人的サービスのもつ特性という視角に立って、専門職の活動や生活支援の状況を分析する枠組を早急に構築することが求められます。

こんにち、社会福祉においては、生活課題が多様化、複雑化、高度化してきていることから、このような特性をもつ専門職による人的サービスとしての生活支援活動の必要性はますます拡大する傾向にあります。支援活動の専門性と利用者のプライバシーや人権の確保と保障を両立させるかたちで、人的サービスとしての支援活動を適切に提供することのできる専門的な環境（場のセッティング）をどのように整え、支援活動の質的な向上をはかるか、これからの社会福祉の運営にとって早急に取り組むべき課題です。

第3節　社会福祉の支援

1　政策の視点と支援の視点―交錯と拮抗―

最後に、社会福祉における支援のレベルについて取りあげます。

ここまで、われわれは、社会福祉学には規範科学、認識科学（法則定立科学）、設計科学、実践科学という四通りの位相が存在することを前提に議論を展開してきました。支援のレベルは、それらの議論、研究が実践という局面において相互に交錯し、競いあい、一つに織りなされ、展開されるレベルです。それは、実態的には、社会福祉をめぐる政策的な目的や目標と利用者の生活課題の解決、軽減緩和への要求や思い、支援にかかる事業や活動を担う専門職の掲げる理念や目標、それを支える知識や技術が一堂に出会い、競合し、混成され、社会福祉の生活支援として具現化され、提供され、そして利用されるレベルにほかなりません。

したがって、社会福祉の支援のレベルにおいては、国、自治体、地域社会、専門職、地域住民などの、それぞれの関与者の立場、利害、思いなどに十分に配慮しつつ、生活支援の目的、目標、手段、提供＝利用の場、知識や技術などについて、多様な視点、側面から多角的に把握し、考察することが求められます。以下、これらの論点について可能な範囲で言及していきたいと思います。

社会福祉の基本的な枠組を設定する国の立場からいいますと、生活支援の目的は、社会問題としての生活問題の解消、軽減緩和、そしてそれによる市民生活の安定と向上、社会的統合の維持と発展を確保し、促進することにあります。そこには、対象とすべき生活問題についての国としての解釈、国政の他の領域とのバランス、財政状況などの多様な要素が関与しています。利用者の立場からいいますと、生活支援を利用する目的は、みずからの生活を圧迫し、破壊しかねない状況にある生活課題を軽減し、除去することによって、生活の自律と協同を回復し、維持し、発展させることにあります。そこには生活者としての目標、利害、思いがからんでいます。他方において、支援者には、専門職としての目的、理念や目標があります。しかも、その支援者には機関・施設の管理者と専門職が含まれ、その立場によって支援の目的も理念も目標も違ってきます。生活支援の場には、そのような関係者の目的、理念、目標、利害や思いが複雑に交錯し、競合し、混淆しています。

生活支援についての議論は、その事実が大きな前提となります。しかし、もちろん、そこに関与している人びとの立ち位置、価値判断の基準、それを支える思想や理論の違いやそのことによる目的、理念、目標の違いを指摘するだけでは十分ではありません。社会福祉学が設計科学であるからには、目的や理念、目標を設定し、それにしたがってものごとを判断する基準や枠組をもつことが必要とされます。われわれは、そのような基準なり枠組を設定する手がかりとして、自律生活と自律生活協同体の維持存続、発展という概念を導入しました。その理由や経緯については、第3章の「社会福祉の展開基盤」において紹介しました。以下の議論はそのことを前提にしています。

2　生活課題と支援の構造

まず、社会福祉の生活支援がいかなる状況、どのような条件、要素や要因のもとに展開されるのか、そのことを明確にしておきましょう。図10の「生活課題と支援の構造」は、さきに第6章第2節の「社会福祉の対象」において提示した図7「生活課題の構造」を前提に、生活支援がどのように展開されるかを図式化したものです。

社会福祉における生活支援は、生活課題への対応を中心にして、四通りのターゲットに向けて展開されます。第一のターゲットは、支援活動を必要とする生活課題について、その内容、形成の背景、経緯や経過を明らかにし、働きかけることです。むろん、生活課題は利用者によって異なります。支援を効果的にするには、支援者は、利用者との交互作用のなかで、生活課題が形成されている生活の領域、他の生活領域への影響、課題の種類や程度、関係者の受けとめかた、課題解決の手順や手法などについて、相互に確認しあい、合意する作業が必要とされます。

第二のターゲットは、生活に負荷をもたらしている要因の確認とそれにたいする働きかけです。生活負荷要因は多岐にわたります。負荷要因には、障害や傷病による生活機能の制限、虐待などのように利用者のサイドに形成されるものと、経済不況による失業や就労機会の減少、失業などのように利用者の外側に社会経済的に形成されるものが存在します。差別や排除のよう

図10 生活課題と支援の構造

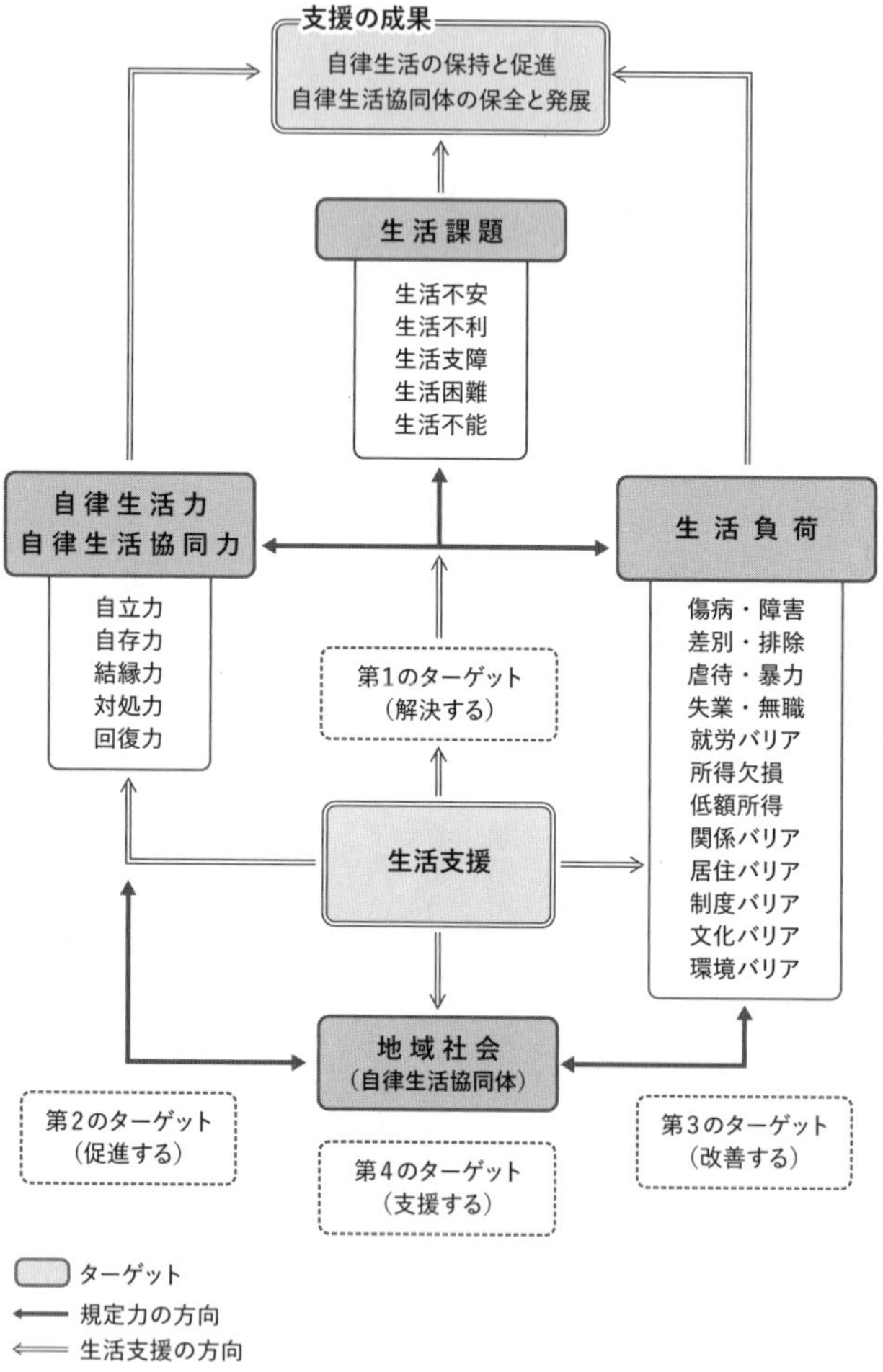

に政治的、社会文化的な負荷要因もあれば、街路や建造物にみられる段差や地震、水害などの被災による住居の喪失や避難生活などのように自然環境的な負荷要因も存在します。生活課題には一つの負荷要因によってうまれているものもあれば、複数の負荷要因が関与している場合も存在します。また、同じ負荷要因であっても、利用者の生活の状況、自律生活力や自律生活協同力の状況によって、生活に負荷がもたらされることもあれば、そうでないこともあります。

生活課題の形成や内容は、生活負荷要因の種類や状況と利用者の生活を支える自律生活力と自律生活協同力の関数として捉えられます。支援にあたっては、利用者と支援者のあいだで、生活に負荷をもたらしている要因と利用者の自律生活力、自律生活協同力のかかわりを確認し、その状況に応じて生活負荷要因にたいする働きかけ、自律生活力や自律生活協同力にたいする働きかけ、あるいは双方にたいする働きかけが必要となります。また、社会的、経済的、政治的、文化的な生活負荷要因や自然環境的な生活負荷要因については、生活課題の状況に応じて、個別的な支援とは別に、ソーシャルアクションや社会福祉運動などを通じた中長期的な働きかけも必要となるでしょう。

第三のターゲットは自律生活力です。自律生活力（パワー）を構成する要素（自律生活力構成要素）は、第3章「社会福祉学の展開基盤」や第6章「社会福祉の施策体系(1)─骨格・対象・

主体―」において言及したように、①自分自身の生活を自立的に維持できる性能を意味する自立力、②生活を一定の状態において護り、維持し続ける性能である自存力、③社会的なつながりを創り、維持する性能としての結縁力、④生活に負荷がかかったとき、それに適切に対処する性能である対処力、⑤生活負荷のために水準、機能、様式が低下しあるいは損なわれた生活を再構築し、新たな生活を創出する回復力の五つです。生活課題をかかえる利用者については、生活課題の形成に関与している生活負荷要因を解明し、確認するとともに、それに対応する自律生活力の状況を把握することが求められます。そのためには、自立力、自存力、結縁力、対処力、回復力を頂点とするレーダーチャートの作成が有益でしょう。

自律生活力や自律生活協同力を構成する五つの力、性能のすべてについて、あるいは一部の性能についてその獲得が十分でない場合、あるいは性能のあいだに不均衡がみられる場合、また一度獲得された性能が何らかの事情、理由によって損なわれているような場合には、生活課題への対応とともに、自律生活力や自律生活協同力を補い、修復し、回復させること、あるいは新たな知識や技術の習得によって性能を補強し向上させるエンパワーメントが必要とされます。

第四のターゲットは、地域社会です。人びとのつながりや互助的な活動などを自律生活協同体を基層とする地域社会、より直接的には近隣社会のもつ要素が利用者の生活負荷要因や自律生活力の状態と相まって生活課題の形成している場合には、地域社会そのものやその自律生活協同力に働きかけ、生活課題への対応、支援に結びつけることが求められます。地域社会を支援のターゲットにすることには、同時に地域社会を社会資源として活用することを意味しています。

なお、生活支援のターゲットに番号をつけていますが、これは説明上の便宜によるものです。ターゲットや支援のしかたに序列を設けようというわけではありません。支援の実際においては、つねにすべてのターゲットに関心をもち、それぞれの状況を随時把握し、評価しながら同時並行的に働きかけを行う必要があります。

3　生活支援の類型

つぎに、社会福祉における生活支援の目標からみたタイプについて取りあげましょう。生活支援は、その到達目標という視点からみたとき、①予防型生活支援、②回復型生活支援、③支柱（突支棒《つっかい》）型生活支援、④全面（全制）型生活支援に区分することが可能です。①予防型生活支援は、生活課題の形成を防止し、予防することをめざす生活支援です。生活保護の申請窓口への同行や福祉サービスの内容や申請手続きについての情報提供などの生活支援もここに含めることができます。②回復型生活支援は、生活課題の解決、解消により従前の自律生活や自律生活協同体の状況（自律生活レベル）への復帰、回復をめざす生活支援です。通所による助言指導、家族の傷病などによるショートステイサービス利用などがこれにあたります。復帰、回復が見込まれる生活支援です。

③支柱（突支棒）型生活支援は、一定の生活支援を継続的に利用することによって従前の自律生活や自律生活協同体、あるいはそれに近い状況を維持することをめざす生活支援のタイプです。たとえば、保育所の利用によって家族の継続的な就労を可能にする生活支援がそうです。近年、伴奏型生活支援などとよばれている専門職による継続的な助言や援助のもとに生活困難者や障害者の社会への復帰や統合をはかる生活支援、継続的なホームヘルプサービスやボランティアによる日常的な生活支援を前提に行われる障害者の地域生活支援などがこのタイプに属します。④全面（全制）型生活支援は、衣食や居所、日常的な身辺介助、医療その他の専門的ケアなどの提供を通じて、利用者の自律生活を全面的に支える生活支援です。典型的には、児童養護施設、重度障害者の療護施設、高齢者の介護施設などの生活施設を利用する生活支援が

これにあたります。

4 生活支援の方策手段

これまで、社会福祉における生活支援は多様な方策手段を活用して行われてきました。生活支援の方策手段は、歴史的にみると、生活（収容）施設への入所を前提に、利用者に住居と衣食を直接的に提供（給付）する現物給付と、利用者の居宅を前提に金銭（購買力）を提供する現金給付に大別することができます。かつても一九世紀の中頃までは、懲罰的な意図もあって救貧施設による現物給付が行われました。しかし、一九世紀末以降、世紀転換期に社会保険と社会事業が成立する時期になると、居宅による現金給付を中心に、それによりがたい子ども、障害者、高齢者については里親委託や生活施設による現物給付という形態に変化してきました。こんにちにでは、生活支援の方策手段は、図11の「生活支援の方策手段別類型」にみるようなかたちに多様化してきています。

こんにち活用されている生活支援の方策手段は、まず⑴社会的な啓発と規整、⑵購買力の提供、⑶生活資財の提供に大別することが可能です。

図11　生活支援の方策手段別類型

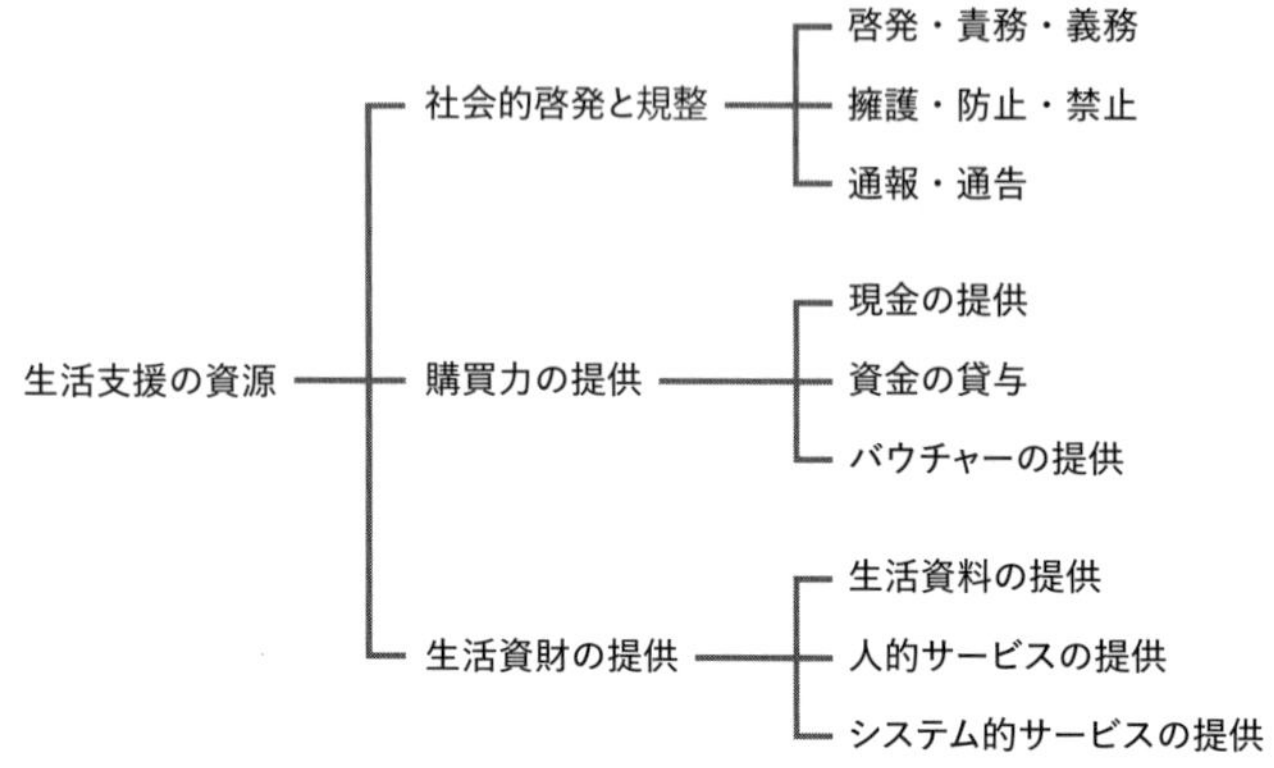

⑴社会的啓発と規整に属する支援の方法には、国民一般を対象とする人権擁護活動の実施、差別的行為や社会的排除の防止や禁止、虐待や暴力の防止と禁止、虐待や暴力の発見にともなう通報や通告の義務、また行政機関、民間の団体、企業などに障害者にたいする合理的な配慮の実施を責務として求める措置などが含まれています。

⑵購買力の提供に含まれるのは、子ども養育費の家計にたいする負担の軽減を目的に一定の手当を支給する児童手当、児童扶養手当、特別児童扶養手当、特別障害給付金などの社会手当、生活の維持が困難に陥った人びとに健康で文化的な最低限の生活を保障する公的扶助（生活保護）、生活困難

者に生活資金を貸与する生活福祉資金貸付です。このうち、社会手当と公的扶助は給付であって返還の必要はありませんが、生活福祉資金は貸付のため返還が求められます。ちなみに、アメリカでは、社会手当や公的扶助以外に、低所得者を対象とするバウチャー（食料切符）による生活支援が実施されています。

(3)生活資財の提供は、①生活資料の提供、②人的サービスの提供、③システム的サービスの提供に区分することができます。①生活資料の提供のうち衣食の現物による提供は、わが国では例外的です。子どもに食事を直接的に提供してその生活を支援するという方法（たとえば子ども食堂）が、近隣社会におけるボランタリーな生活支援活動として行われていますが、法制化されているわけではありません。制度としては、車いす、介護ベッド、視覚障害者用の白杖、聴覚障害者用のファックスなどの供与や貸与が生活資料の現物形態による提供に相当します。障害者住宅や高齢者住宅のバリアフリー化や、補助具の取り付けなども生活資料の提供に含めることが可能でしょう。②人的サービス（役務）の提供は、各種の専門職による労働というかたちで提供されている生活支援です。ソーシャルワークや保育、養護、療護、介護などの専門職による支援活動のことです。人的サービスの性格や特性については、前節で取りあげました。③システム的サービスは、衣食住にかかる生活資料と人的サービスを組み合わせて提供される生活支援を意味しています。具体的には、単身での生活が困難な、あるいは家族によるケアだけでは生活課題への対応が困難な子ども、障害者、高齢者などに提供される入居型施設による支援がこれにあたります。

近年、生活課題が多様化、複雑化、高度化するにつれ、生活支援の方法も多様化、複雑化、高度化が求められています。なかでも、災害の被災者や外国籍居住者などの新しい領域における生活支援には、新しい方策や手段の開発が必要とされています。また、新しい生活機器、医療機器、移動や運動の補助具の開発やハイテク化、高度化が進行しており、それらを組み込み、使いこなす支援方法を開発することも、これからの社会福祉にとって重要な課題の一つになるでしょう。

生活支援の方法にみられる多様化、多角化は、生活支援を提供する場、セッティングにおいても再確認することができます。それは一言でいうと、社会福祉の地域化です。わが国では、一九七〇年代頃まで、現金給付を原則とする生活保護や少数の里親、職親を別にして、子ども、母子、障害者、高齢者にたいする生活の支援は、利用者の範疇ごとに設けられた生活（入居）施設によって行われるのが通例でした。しかし、一九七〇年代以降、イギリスのパーソナルソーシャルポリシー改革、北欧にはじまるノーマライゼーションの思想やその具体化である脱施設化（ディスインスティチューショナリズム）運動の影響、他方では福祉予算の抑制に連動した生活施設批判の拡大を契機に、通所サービス（デイサービス）、短期間の生活施設利用（ショートステイサービス）、訪問サービス（ホームヘルプサービス）が地域福祉の三本柱として法制化され、さらにそこに給食の宅配サービスや地域住民による見守りサービスなども加わり、わが国における生活支援の方法は、利用者の生活施設への入居を前提とする生活支援から地域生活を前提とする生活支援に徐々に移行してきました。

一九九〇年代以降、社会福祉の分権化、地域化を推進する世紀転換期福祉改革のもとに、この傾向は一層拡大します。さらにそこに拍車をかけることになったのは、国内的には地域共生社会の政策化であり、国外的には国際連合総会による児童の権利に関する条約と障害者の権利に関する条約の採択です。地域共生社会政策については、二〇一五年の厚生労働省報告「新たな時代に対応した福祉の提供ビジョン」によって提起され、翌一六年に閣議決定された「ニッポン一億総活躍プラン」に「地域共生社会の実現」が盛り込まれました。地域社会における生活支援が社会福祉の基本的な形態として位置づけられています。児童の権利に関する条約と障害者の権利に関する条約は一九八九年と二〇〇六年に採択され、わが国はそれぞれ一九九四年と二〇一四年に締約国になりました。こうしたなかで、わが国における社会福祉の生活支援は、地域における生活、地域による支援を基本とするようになりました。しかし、この変化は、少なからず政策先導、理念先導による導入、展開であり、その現実については的確かつ批判的な観点に立つ冷静な評価が必要とされます。

5　ソーシャルワークの展開

さて、このような社会福祉の変遷、展開のなかで、生活支援における支援活動の方法、そのための知識と技術の体系であるソーシャルワークは、人的サービスを代表する方法、技術として重要な役割を果たしてきました。ポスト福祉国家（国家福祉）の時代の起点、分水嶺となった一九八〇年代以降を念頭に、社会福祉の全体像を概観するという視点から、大掴みにその変化、展開にふれておきたいと思います。

第一の契機は、およそ一九九〇年代以降、かつてのケースワーク、グループワーク、コミュニティオーガニゼーション（コミュニティワーク）の統合を意図するジェネラリスト（ジェネリック）ソーシャルワークという構想の紹介、定着がみられたことです。第二の契機は、それと重なりあうように、ストレングスモデル、コンピテンシーモデル、エンパワメントモデルなどがソーシャルワークの新たな理論モデル（様式ないし枠組）として導入され、受け入れられてきたことです。

これらの第一、第二の契機を構成する議論には、それぞれに視点や着眼点、理念や目標に違いが認められます。しかし、いずれも従来の縦割りのソーシャルワークの理論、なかでもケースワークの理論を支配してきた医学モデル、さらにはそれを批判的に継承する生活モデルを克服して、利用者の人権、意志、意欲、潜在している能力など、利用者のもつ強み、ポジティブな側面に着眼し、それを修復し、強化し、促進することによって生活課題の解決を図ろうとするところに特徴が認められます。利用者に欠けているところ、できないところよりもできるところ、潜在している可能性を発掘し、強化する、そうすることによって利用者自身による主体的な生活課題の解決、軽減緩和をめざし、それを側面から支援する生活支援の方法が提起されています。近年の伴奏型生活支援というモデルも、このような支援の哲学、理念、方法に関わる構想の延長線上に位置するものとして理解することが可能です。

第三の契機は、ソーシャルワークの全体をミクロソーシャルワーク、メゾソーシャルワーク、マクロソーシャルワークに区分し、それぞれの次元（レベル）による支援の課題と目的、理念や目標、必要とされる知識や技術の違いを明確化するとともに、課題や目的に応じて、次元の違いにとらわれない、それを超越したソーシャルワークの支援を総合的、統合的に展開することをめざす議論が提起されています。ただし、ミクロ、メゾ、マクロというレベルが相互にどのようにかかわり、全体がどのように構造化されているのか、必ずしも明確ではありません。しかし、そのような難点を残しているとはいえ、新しい動向として着目されます。

第一の契機がソーシャルワークの横の壁を取り払うことを求めるものであったとすれば、第三の契機はソーシャルワークの縦の床板の撤去を求めるものといえるでしょう。さらに、近年においては、理念的には、リッチモンドを超える社会変革を求める新たな理念、構想が提起されています。

これら第一から第三の契機は、アメリカの一九七〇年代の福祉改革（ウェルフェアカット）以来の歴史のなかで提起され、発展させられてきた理念や理論のわが国への紹介がその起点となっています。アメリカにおけるソーシャルワークの動向に留意し、その成果をわが国に紹介、導入し、定着発展をはかることは、ソーシャルワークの普遍性ということからいいますと、それなりに評価するに値します。しかし、急速な超少子高齢社会化、人口の絶対的減少、経済力の低下など、世界で最初に経験するといわれるような未曾有の危機に直面しているわが国の状況を直視するとき、わが国の社会、わが国の生活課題に適合するわが国に独自のソーシャルワークを構築し、推進する研究が必要とされています。

そのためには、国外の新たな研究を探索し、そこにインパクトを求めることも有効でしょう。しかし、わが国における社会福祉学の発展という観点からいいますと、ソーシャルワークの全体を構造化する理論、さらにいえばそれを支えるソーシャルワークに独自な社会理論、パーソナリティや行動変容に関する理論を構築することによって、そのようなインパクトを内側から、内在的に創出し、提起することが必要とされます。

第四の契機は、さきにみたような世紀転換期以降、社会福祉の地域福祉化、地域共生社会の政策化が推進されるなかで、それを支える支援の方法として、大橋謙策らを中心にコミュニティソーシャルワークの構想が提起され、それが拡大し、定着してきたことに求められます。このコミュニティソーシャルワーク提起の背景には、一九六〇年代末以降のイギリスにおけるパーソナルソーシャルサービス改革、すなわち社会福祉の運営管理に分権化、地域化をもたらすことになった福祉改革の影響が認められます。八〇年代以降に急速に推進されたわが国の福祉改革の構想や地域福祉理論の展開は、明らかにパーソナルソーシャルサービス改革による大きな影響のもとにあります。

コミュニティソーシャルワークモデルの特色は、それがコミュニティ、すなわち地域社会において、地域社会によって、地域社会のものとして展開されることを基本的な前提、理念とするところにあります。しかし、わが国社会の現実は、超高齢社会化と人口減少社会化が同時的に、しかも急速に進行する状況にあります。そうしたなかで、地域社会における人びとの生活と意識は、一方においてわがこと的に求心化し、他方において他人ごと的に遠心化し、拡散化する状況にあります。そうしたなかで、あるいはそれだけに、地域社会は人びとの生活の基盤として、また地域福祉を支える資源として、どこまでその力を維持し、発揮することができるでしょうか。地域共生社会の政策化は地域社会を社会福祉のアリーナにするということを意味しています。

たしかに、われわれは、地域社会のなかにうまれ、地域社会に生活し、地域社会のなかで生を終えます。われわれは、そのことを前提に、社会福祉の現在を考え、評価し、将来を展望する基準、視点と枠組として、生活の自律と協同、自律生活と自律生活協同体の確立、維持発展ということを構想してきました。コミュニティソーシャルワークの喫緊の課題は、その物質的、精神的な基盤であり、支援活動の源泉であり、また手段である地域社会とその将来をどのように認識し、構想するのか、そして社会福祉における地域住民と地域社会と自治体、自治体と国家との関係をどのように捉え、構築しようとするのか、そのことをさらに探求し、明らかにすることが求められます。

6 ケアワークの体系化

ソーシャルワークに関連して、いま一つの議論を追加しておきたいと思います。レジデンシャルワークのことです。こんにちにおいてはケアワークのほうが通りがよいかもしれません。社会福祉における支援の方法が施設入居型から在宅型あるいは地域生活型に移行してきたことは歴史的な事実です。しかし、社会福祉における生活の支援は地域生活型への移行によってすべて完結するというわけではありません。人びとに必要とされる生活の形態は、その年齢、生活機能の状態、住居の有無、養護者（介助者）の有無などによって多様です。利用者のなかには、単身での生活の維持が困難な子ども、障害者、高齢者が存在します。家族によるケアでは十分でない人びとが存在します。人口が減少し、家族や地域社会の構造も機能も変化するなかで、このような利用者の存在は過少に評価されています。しかし、現実の問題として、自治体や地域社会を基盤とする社会福祉は、なお一定数の入居型生活施設の存在を前提にすることが必要です。

入居型の生活施設におけるケアのありかたは、イギリスやアメリカにおいては、レジデンシャルケアとしてソーシャルワークの一部として扱われてきたという経緯があります。わが国においても、養護、教護、療護などの名称のもとに、生活施設の種類あるいは利用者の属性ごとに、議論がなされてきました。イギリスやアメリカにおける研究の紹介も行われてきました。しかし、残念ながら、国内においても、海外においても、レジデンシャルケアの理論化は十分になされてきたとはいえないように思います。

そうしたなかで、わが国においては、一九九三年、高齢者介護（ケア）の領域を中心に日本介護福祉学会が組織され、かなりの時間が経過しています。しかし、介護の理論化、介護福祉学の構築については、十分な成果をみるにいたっていません。ケアワークは、生活そのものに密着しており、理論的な研究になじまないといわれます。領域的に看護学と重なっているという事情もあります。そうしたことがケアワークの理論化を妨げているという指摘もみうけられます。

そのことでは、保育の領域と類似しています。保育の領域においては日本社会福祉学会に先立ち、一九四八年に日本保育学会が組織され、研究が推進されてきました。しかし、ここでも、幼児教育学との重複があります。保育領域における研究の成果が学というに相応しいレベルまで蓄積され、成熟しているかどうか、そのことについてはさまざまに議論がなされています。

介護学や保育学の自己認識としては、介護福祉学や保育学は、看護学や教育学に近いのか、あるいは社会福祉学に近いのか、という疑問も存在しているようです。実態的には、看護学や教育学の一部分として扱われていることも多いように思えます。しかし、介護福祉学や保育学が看護学や教育学と異なる学問領域としてのアイデンティティを確立するには、看護学や教育学との違いに焦点化するとともに、社会福祉学との接点に着眼し、視点や枠組を共有することもまた有効でしょう。逆に、社会福祉学にも、介護や保育の領域を包摂するかたちでの理論化を推進することが必要でしょう。

7　包括的・多分野横断的アプローチの機軸

いよいよ最後になります。われわれは、かねて社会福祉の全体像を把握する手がかりとして、「社会福祉のL字型構造」とともに「社会福祉のブロッコリー型構造」という視点と枠組を提起してきました。図12の「社会福祉のブロッコリー型構造」がそうです。

社会福祉のL字型構造は、第4章の「社会福祉の基本的性格」において詳しくふれたように、

図12　社会福祉のブロッコリー型構造

まずは社会福祉の全体像を理解する視点や枠組としての位置づけです。そのことはそれなりに理解されてきたように思います。しかし、一方の「社会福祉のブロッコリー型構造」については、結局は社会福祉のL字型構造と重なりあうのではないかという指摘にもみられるように、われわれの意図が十分理解されているとはいえないようです。たしかに、趣旨は同じものにみえますが、ただ重なりあっているというわけではありません。改めて明らかにしておこうと思います。社会福祉のL字型構造は、社会福祉の基本的な性格を政策という視点、あるいは政策というレベルで捉えたものです。それにたいして、ブロッコリー型構造は、そ

れを支援という視点ないしレベルにおいて捉えようとしたものです。そのことを明確にするため、図中の施策名称の表示を施策から支援に変更しています。

すでに第4章で言及したところですが、近年の生活課題の多様化、複雑化、高度化は、社会福祉という生活支援の方法だけでは十分に対処できない状況に立ちいたっています。社会福祉の領域を超えた包括的、多分野横断的なアプローチ、支援を必要とする状況にあります。社会福祉の領域を超えて、人権擁護、健康、教育、所得、雇用、教育、保健、医療、さらにはまちづくり、災害支援などの多様な分野との調整、連携、役割分担、協働が求められています。しかし、それぞれの施策や活動の分野なり領域は、それぞれに固有の視点、目的、理念や目標、理論や技術から成り立っています。分野や領域を超えたな施策や活動との協働には、相互間の連携や調整、役割分担が必要となります。

一般的に、分野や領域を超える協働作業は、多様な分野や領域を背景とするステークホルダーによる議論、摺り合わせによって進められ、そこにおのずとリーダーシップが形成されます。それが一般的な展開でしょう。そうしたなかにあって、社会福祉のブロッコリー型構造は、さきの第4章において考察したような社会福祉の形成の経過、政策や支援活動の内容や特性からみて、社会福祉こそが多分野横断的アプローチにおいて中心的な役割を担うに相応しいと考えています。

ただ、そのように主張し、それぞれの分野や領域の参画者、ステークホルダーたちの理解と賛同を獲得するためには、社会福祉とは何か、それはどのように発展してきたのか、何を目的に何をなしうるのか、どのように、どのような内容の支援活動を展開するのか、それらのことに明確に根拠を提出することのできる学の体系、すなわち社会福祉学を理論的に整序されたかたちで体系的に構築し、発展させることが必要とされます。

ここまで長い道のりでしたが、われわれはここで第1章に立ち戻ることになります。これまでの議論を踏まえ、改めて第1章から読み直していただければ、社会福祉とは何か、それはどのように発展してきたのか、またどのような内容をもち、何をなしてきたのか、何をなしうるのか、なお一層の深い理解を獲得していただけるものと確信しています。

終章

社会福祉学研究五十六年
―回顧と展望―

私の研究者、教員としての生活は随分長いものになりました。その間社会福祉学とは何かということだけを考えてきたように思います。皆さんを社会福祉学に招待するにあたって、私がこれまで一人の研究者、教員として社会福祉学をどのように考えてきたのか、まずその道のりを振り返ることからはじめたいと思います。

さて、いきなり個人的な話になりますが、少しの間、お許し願いたいと思います。

私が母校である日本社会事業大学に入学したのは一九六〇年のことです。いま振り返ってみますと、わが国が戦後の混乱、窮乏から復興し、急速に発展しはじめた時期、そしてわが国に社会経済的、政治的、そして文化的にさまざまな混乱をもたらすことになった高度経済成長期のはじまりの時期のことでした。当時、日本社会事業大学は原宿にありました。原宿の竹下通りが通学路でしたが、むろんこんにちの賑わいなど思いもよらない時代でした。私は、その六〇年から日本社会事業大学が清瀬に移転するまで、熊本に赴任していた四年間を除いて、学生そして研究所の無給の研究員、専任講師、助教授、教授教員として三十年ほど竹下通りを通学、通勤したことになります。まさに今昔の感がありますね。

今年は二〇二四年です。大学に入ったときを起点にしますと、私は社会福祉の領域に踏み込んですでに六十年を超えることになってしまいました。大学の教員としてフルタイムで仕事をするようになったのは、熊本短期大学社会科（現・熊本学園大学社会福祉学部）に赴任した一九六七年のことです。そこから数えても満五十六年、学生時代を加えると優に半世紀を超えて大学という世界に籍を置いてきたことになります。社会福祉学の研究者、教育者としてあまり類例をみない経歴ということになるでしょう。

一九六〇年代といえば、わが国の社会福祉がこんにちのようなかたちに発展する転機になった時代です。日本社会福祉学会の発展、社会福祉教育の拡大の過程を振り返ると、私の経歴は、わが国の社会福祉、それに関わる研究や教育が登り坂に差しかかっていた時期になります。その意味では、私の経歴、社会福祉にかかる学修、研究、教育の道程はわが国の社会福祉とともにあったといってよいかと思います。

もう一つ思い出すことがあります。かつて私が日本社会福祉学会の総務担当理事（事務局長）を務めていた時期（一九九五〜九八年）のことです。仲村優一、一番ヶ瀬康子、三浦文夫、高島進というその当時のお歴々にご登壇をお願いして学会主催のシンポジウムを行うことを企画しました。しかも、それを楽屋裏ではお歴々には遺言学会だなぞといいながら、仕掛けたわけです。私としては、社会福祉学にも新しい研究の方法、新しい切り口、分析の枠組が必要な時期に来ているのではないか、そういう問いかけを試みたつもりでした。しかし、その当時、社会福祉学を代表しておられた皆さんに遺言というふれこみでご発言をもちかけたわけですから、何とも失礼な話でした。案の定、皆さんは壇上において異口同音に、私たちはまだまだ遺言などを述べるつもりはない、むしろ研究はこれからだという趣旨の発言をなさいました。思えばもっともな発言です。

今の私は、その頃の皆さんたちの年齢よりもずっと年かさになってしまいました。しかし、先達としての皆さんの話を超えるような議論は、私にはとてものことできそうにもありません。ただ、可能な範囲で、五十年を超える年月を通じて私が何を考え、どのように社会福祉学の研究に携わってきたか、その一端にふれていきたいと思います。

第1節　私の社会福祉研究小史

さて、ウィキペディアというものがありますね。私の名前も載っています。どなたかが書いてくださったんですね。それによると、私は、児童福祉の研究からはじめ、途中で歴史の研究に移り、その後は原論をやっていると紹介されています。どなたが書かれたかむろん知るよしもありませんが、あたっていないわけでもないと思っています。しかし、中身としてはどうか、それはまた別の問題です。若干の注釈が必要です。

そのためにということでもありませんが、末尾に参照文献として、これまで執筆してきた論文や著書の一部を並べています。その最初に「マターナルディプリベーション理論についての二、三の検討」というタイトルの論文があります。一九六六年、修士の二年の時に書いた論文です。私にとっての初出の論文です。第二次世界大戦の直後に、児童養護の世界では、ジョン・ボウルビーによる、小さい時期に親から切り離された子どもは成長した後にもいろいろ好ましくない影響が残る傾向にあるという言説が提起され、その妥当性、あるいは正当性をめぐるホスピタリズム論争というものが世界的に展開されました。六〇年代の末にそれをレビューした海外の文献が多少刊行されていましたので、それを素材にして執筆した論文です。これはたしかに、私の経歴では児童福祉の研究にあたります。

その後児童福祉の研究を続けますが、まとまった成果としては、一九八二年の『子どもの権利――イギリス・アメリカ・日本の福祉政策史から――』、一九九一年の『児童福祉改革――その方向と課題――』があります。『子どもの権利』は歴史研究の一部、『児童福祉改革』は後の社会福祉改革に関わる研究の系譜につながる作品です。参照文献には続けて『社会福祉の歴史――政策と運動の展開――』（一九七七年）をあげておきました。右田紀久恵、高澤武司との共編著で刊行した本です。四十六年も前の本です。しかし、今でも新刊として手に入れることができます。他に類書がないからいまだに売れているのだといわれますが、早々に代わるべき本が出版されるといいですね。期待しています。先程の『子どもの権利』、このタイトルは時代の論調を反映していますが、いささかミスリード気味でした。内容的にはイギリス、アメリカ、日本の児童福祉政策史といったほうがよかったかもしれません。時系列的にみましても、『社会福祉の歴史』が先なわけです。

これら二冊の本は、いずれも素材としては歴史を取り上げて議論を展開しています。しかし、いずれも、社会福祉史に関わる原史資料の発掘、復刻、史料批判、解釈などの研究をやっているわけではありません。いわば、二次史料にもとづいた、しかも歴史そのものというよりも、むしろ社会福祉の理論構築のための素材として歴史を扱っています。その意味では、後のニューディール期の社会福祉についての研究を含めてですが、歴史研究というのはおこがましいと思っていますし、そのつもりもありません。

つぎに、一九九四年の『社会福祉学序説』にはじまり、二〇〇三年の『社会福祉原論』、二〇一九年の『社会福祉学の基本問題』、二〇二一年の『社会福祉学の原理と政策―自律生活と生活協同体の自己実現―』、そして二〇二三年の『社会福祉学原理要綱』があります。原理論研究の系譜ということになるでしょう。最近の三冊はあまり時間をおかない刊行になっています。いくら書き直してみても、どうにも思うように考えがまとまらないわけです。実に傍迷惑な話ではあります。

研究の系譜についてもう少し付け加えておきます。私の研究にはもう一つの流れがあります。先にふれましたように、一九九一年に『児童福祉改革』という本を書きましたが、その後一九九五年に『社会福祉改革―そのスタンスと理論―』、一九九八年に『社会福祉基礎構造改革―その課題と展望―』を刊行しました。そして、二〇一二年、東洋大学を定年退職するときに『福祉改革研究―回顧と展望―』と称する論文集をまとめました。いうなれば、福祉改革研究シリーズです。むろん、この流れは福祉改革そのものにたいする関心の結果でもありますが、実は福祉改革という現実の問題、課題に斬りこむこと、そのための視点や分析枠組を工夫するということを通じて、原理論研究が現実離れのした空疎な内容にならないようにするための試みでもありました。その意味では、私の原理論研究と福祉改革研究は相互に結びつき、縒《よ》り合わさっています。

第2節　社会福祉の解体新書

最初に申し上げましたように、私は六十年に近い歳月をかけて社会福祉とは何か、社会福祉ってなんだろうと考えてきました。しかし、いまだにこれといった解答が思い浮かびません。なんとか解答をまとめなければと思い、手をかえ、品をかえ、いろんなかたちで立論し、書いてきたわけですが、これでよいという解答に辿りつけないでいます。

社会福祉とは何かということを、社会福祉に接したことのない人たちにどのように説明すればよいのかという問題です。多少語弊が生じるかもしれませんが、譬え話をします。象を知らない人に象の説明をするとしたらどうするか。いろいろな説明のしかたがあると思います。象を他の動物と比べるというのも一つの方法です。象は鯨とは違う、ライオンとも違う、牛ともカバとも違うというように周辺にいる動物を引き合いにだして、似ているところや違うところをあげて象についてわかってもらうという方法です。多少科学的にいえば、象という存在についての系統発生的な情報による説明です。

象というのは鼻が長い、しかもそれは単なる呼吸の器官ではない。水を吸い上げたり、ものを挟んだり、口へ持っていったり、いろいろできる、そういう鼻をもっている。長い鼻、それが象を象徴している。したがって、鼻のことを話せば象について話をしたことになる、そういう議論の立て方がありますよね。大きい電信柱みたいな足をもっている、団扇《うちわ》みたいな耳がある、大きい尻尾があるなど、象という生き物を象徴するようなパーツをとりあげて、象を説明するという方法もあります。どちらも、説明のしかたとして、それなりの有効性をもっているといってよいでしょう。しかし、それで象の全体像をつかんだことになるでしょうか。難しそうですね。

話を社会福祉に戻すと、系統発生的に象の登場、そして進化の過程を説明するというやりかたは、社会福祉でいえばその歴史を辿ることによって説明するという方法になりそうです。長い鼻への着目は、これまた語弊が生じそうですが、ソーシャルワークを切り口にして社会福祉について説明する、そういうことにならないでしょうか。ソーシャルワークは社会福祉を代表する存在として扱われることがありますね。大きな足、耳、尻尾などの紹介は、多種多様に存在している社会福祉の機関や施設、あるいはそれらの機能などを通じた社会福祉の説明ということになりそうです。それぞれが、それぞれに社会福祉を説明しているわけですが、どうでしょうか。それだけで社会福祉についての過不足のない説明になっているといえるでしょうか。

社会福祉の歴史研究では、それがどのように生成し、発展してきたかが説明されます。歴史研究のなかでは、社会福祉の制度、政策、施設、援助の方法など多様な領域が素材として登場してきますが、切り口はいずれもそれらがどのように形成され、発展してきたかということです。それらが相互にどのように結びついて全体を構成してきたのか、どのような構造をもち、どのように機能してきたかというところには、なかなか話が及びません。一方、社会福祉の制度、政策、施設、援助などについての個別の研究は、ややもすれば蛸壺型になりがちです。たしかに、研究を深めるには蛸壺的な研究も大いに必要です。しかし、そこで終わってしまったのでは、社会福祉の全体像を明らかにすることにはなりそうもありません。

私は、社会福祉の全体像について理解し、こんにちそれが多様な利用者にたいして何をもたらし、そこにどのような効用がうまれているかを考え、またその将来を展望しようとすれば、社会福祉の系統発生学的な研究を含め、社会福祉の頭部から脊柱、四肢にいたる骨格や筋肉、神経の構造や機能、脳をはじめとする多様な臓器の構造や機能について総合的に解明することが必要だと考えています。つまり、社会福祉についての解体新書的な研究が必要だと思っているわけです。

これまで、社会福祉の歴史、政策、制度、運営、援助技術などそれぞれの領域において優れた研究が行われてきました。しかし、そのような研究の多くは、それぞれ領域ごとに展開されています。社会福祉の全体像をいかに把握するかということへの関心、ここでいう解体新書的な関心はいささか希薄なように思われます。それでは社会福祉の研究として不十分なのではないでしょうか。

第3節 社会福祉学の性格

皆さんご承知のように、これまで長いこと、わが国のアカデミックコミュニティにおいて、社会福祉学は一つの科学、学問たりうるかという疑問が投げかけられてきました。その状況は、基本的なところではいまでも変わっていないと思います。ここでは、そのことについて結論からいいましょう。私は、社会福祉学は、学際的なアプローチを基礎・基盤にした統合科学、さらには融合科学であると考えています。この議論は成り立たない、社会福祉学の世代的な再生産がその内部において成り立たないということになりますと、それでは社会福祉の専門的な研究や教育、なかでも社会福祉専門職教育の存続は不可能だと考えています。

第二次世界大戦後のわが国の社会福祉の研究と教育は、学際科学的な研究や教育としてはじまりました。身近な例をあげてみますと、私は、一九六〇年に日本社会事業大学に入学して、木田徹郎、吉田久一、小川政亮、仲村優一、石井哲夫、小川利夫といった先生方に教わりました。これらの先生方の出自をみますと、木田は社会学、吉田は歴史学（あるいは仏教学）、小川政亮は法律学、仲村は経済学、石井は心理学、小川利夫は教育学です。日本社会事業大学以外の先生方ですと、孝橋正一は経済学です。岡村重夫は哲学（倫理学）ということになるでしょうか。三浦文夫は社会学です。私が二〇〇一年に執筆した研究者世代論（「社会福祉学研究の曲がり角」『社会福祉研究』第八二号所収）でいえば、第一世代の先生方の出自は皆、既成の人文科学や社会科学です。

これらの方々は皆、自分の出自の科学である哲学、歴史学、経済学、法学、社会学、心理学、教育学などからみた社会福祉について語られていました。その内容は、おのずと自分の出自の科学を通して切り取った社会福祉になります。それぞれ自分の得手の領域からみた社会福祉を素材にした講義になります。そうならざるをえないわけです。

しかし、聞かされる方の学生はそれをどう聞いたらよいか。それぞれの切り口による話にまとまりをつけるのは、学生さんあなた方の仕事ですよ、というわけです。あなた方の責任ですよと明確にはおっしゃらなかったかもしれませんが、事実上そういうことですよね。そういわれたって、と思いましたね。社会福祉についてさまざまな角度から話を聞かされるわけです。しかし、聞いている方にはそれを受けとめる素地、軸も器もないわけです。研究的な関心を抱いても、「君たちは私たちの話を聞いて、実践家になるために来てるんだ。研究は私たちに任せろと」ということになります。私流に翻訳すればです。社会福祉学存立の可否についての議論はあったとしても、その内部における再生産などということは、まだ茶飲み話にすらなっていなかったんでしょうね。

社会福祉の学部や学科を卒業し、研究的なことに関心をもった人たちは、既存の大学院に行きました。行った先は、経済学、法律学、社会学、教育学などさまざまです。私は心理学に行きました。著名な方々でいえば、一番ヶ瀬康子は社会福祉学出身で経済学、右田紀久恵は社会福祉学出身で法律学です。興味深いのは、社会福祉学出身で既成科学の大学院に行った人たちのなかで、社会福祉にアイデンティティをもち続けて社会福祉研究に邁進した人たちもいれば、戻って来なかった人たちもいるということです。戻ってこなかった人たちは、社会福祉研究の将来について期待をもつことができなかったということなのでしょうかね。

話が横道にそれてしまいました。話を戻しましょう。私のいう第一世代や第二世代の研究者たちのなかにも、いわゆる政策と技術の双方を含めて社会福祉の総体を学際的、統合的に捉えようとした方々がおられます。嶋田啓一郎や一番ヶ瀬康子がそうです。真田是などもそうかもしれません。そして、その後に続く方々も多数おられるわけです。しかし、そうした研究の動向について、三浦文夫や星野信也は、科学、学問の方法論上、社会福祉の全体を一つの科学として捉える、社会福祉学として捉えるような視点、科学方法論はありえない、としました。政策・制度と援助や技術はそれぞれ別の科学に属するものとして、それぞれ別個の科学方法論、たとえば社会学や政治学、あるいは心理学や教育学によって探求されるべきだというわけです。

三浦教授や星野教授による批判は、物理学や生物学などの自然科学の方法論に範をとる人文・社会科学からいえば、その通りかもしれません。しかし、社会福祉における政策や制度と援助や技術は一体的に存在しており、相互にもう一方の存在がなければ社会福祉としての存立の契機がつかめません。社会福祉は政策や制度と援助や技術の総体として存在し、そのことによって社会福祉としての存立の意義がうまれるわけです。

そうすると、そのような客体的な事実を前提にしていえば、双方は分離して捉えられるべきだという科学方法論をもってしては社会福祉の基本的な性格をつかむことは不可能だといわざるをえません。逆に、三浦や星野の意に反して、双方を一体的に捉えることのできるような科学方法論の構築が求められることになります。社会福祉の研究は、はじめから学際的に進める、学際的なアプローチをもって基礎とする、ということになります。そのような科学方法論を基盤に進めるという前提に立つことになります。社会福祉の多様な側面を全体的かつ統合的に捉えようとすれば、そうするほかはありません。これが私の基本的な立ち位置、考え方です。

しかし、学際的なアプローチによる個別研究の成果をただ集めるだけでは、モザイク細工になってしまいます。学際科学的な研究の総和をもって社会福祉学というわけにはいきません。学際的な研究の成果を一体化し、統合化し、体系化する必要があります。社会福祉学を一箇の統合科学、融合科学として構築する必要があります。

そのためには、それを可能にするような機軸あるいは規準が必要です。六十年も前に岡村重夫はそのことを提起しています。学際的な研究成果のどれを受け入れ、どれを活用し、どれを捨てるのか、それを判断する規準になるものがないことには学際科学的研究にならないのではないかというわけです。なるほどと思いました。岡村はどうやら自分の社会福祉論、個人と社会制度との社会関係の客体的側面と主体的側面、なかでも後者の主体的な側面に着目する社会福祉の理論がそれに相応しいと考えていたようです。当然といえば当然のことでしょう。しかし、機軸や規準が必要だということと岡村理論がそれに妥当するかどうかということ、それはおのずと別の問題です。

ところで、ですが、ここで一言しておかなければならないことがあります。それは、わが国ではソーシャルワークは一つのディシプリン、一つの科学として扱われているように思えることがあります。しかし、実は、ソーシャルワークも学際科学的なアプローチによって成り立っています。ソーシャルワークは、そのそもそもに遡及すれば、現在でいうところの社会学（一九世紀末のアメリカでは社会科学とよばれていました）と結びついていました。第一次世界大戦の頃からは心理学や精神分析学と結びつき、第二次世界大戦以後も暫くの間はそれが主流でした。しかし、一九七〇年代や八〇年代になると、ソーシャルワークは社会学その他の社会科学に回帰し、あるいは生態学などの新しい科学の影響を受けてきたように思えます。そのような諸科学から栄養分を摂取しながら発展してきたようです。その意味で、ソーシャルワークもまさに学際科学的なアプローチによって成り立っています。そのことも踏まえておきましょう。

さて、学際科学的な研究の成果を選別し、統合化し、体系化する規準です。先程、岡村理論がそのままでその役割に相応しいというわけではないといいました。むろん、そこには有益な発想、構想がたくさん含まれています。それは一言でいえば、人びとの生活というものを社会福祉の起点に据え、その主体性、全体性を協調しつつ、生活のサイドから社会制度を、そして個人と社会制度との関係を捉えようとしていることです。この生活を起点に据えるという構想は、岡村理論に希薄であるとされる歴史的社会的な視点を補強されながらですが、その後の一番ヶ瀬康子その他による生活問題論に継承されているといってよいように思います。加えて、一番ヶ瀬が社会福祉の理念、目的として生活権の保障を据えたことは、社会福祉に関する学際的な研究をとりまとめる契機の一つとして、重要な意義をもったと考えています。

私は、このような研究史を踏まえ、かつ生活の状態、必要な支援の種類や程度などを認識し、統合することを可能にする契機として、自律生活、そしてそれを表裏の関係において支えるものとして、自律生活協同体という概念を導入してきました。

生活は生命と活力をうみだし、維持存続する営みですが、一定の分節性と統合性を内包し、主体的に自己を組織化し、自律的にその全体を保持しようとするところに特徴があります。生活は、スタティックな状態ではありません。一定の質量をもち、その自己実現を求める状態です。そのような生活は、物質的環境や社会的環境との相互作用を通じて形成されるとともに、それらに働きかけ、よりよい環境条件をうみだすように運動します。

自律生活力は、生活を支える自立力、生活を守る自存力、つながりを結ぶ結縁力、生活の危機に対応する対処力、生活をもとの状態に戻そうとする回復力などによって構成され、その状態によって、生活の状況が規定されています。社会福祉は、そのような人びとの生活を守り、発展させようと支援する社会的公共的な施策の体系です。

学際科学的なアプローチを統合するいま一つの契機として取りあげたもの、それが生活協同体です。また後にもう一度取りあげますが、自律生活協同体は自律生活と表裏の関係にある存在です。生活の自律性と協同性は表裏一体の関係にあります。自律生活は、自律生活協同体の形成、存在を前提にします。生活協同体が成立しなければ、生活そのものが成り立ちません。むろん生活の自律についてもそうです。自律生活、生活の自律が成り立つためには、それを可能にする生活協同体が成り立ち、存在しなければなりません。生活協同体にも、自律性、自律する性能が必要とされます。協同体としての自立力、自存力、結縁力、対処力、回復力が備わっています。それらのもととなる活力と自己組織力、それらの結果としての自己実現力が備わっています。

私は、社会福祉を、根源的には、そのような自律生活と自律生活協同体を源泉とする自発的で主体的な活動として捉えたいと考えています。そのような自律生活や自律生活協同体が損なわれようとするとき、まずは自己組織的に生成し、やがては社会的公共的な性格をもつものに発展してきた活動、事業、政策、総じていえば社会的な生活支援施策として理解しています。その意味において、自律生活と自律生活協同体を、社会福祉に関する学際科学的なアプローチを統合する、規準、機軸として位置づけてきました。

第4節 社会福祉学の位相

社会福祉学は、そのような視点に立脚して、社会福祉に関わる学際科学的な研究の成果をとりまとめ、体系化し、統合化しようとする行為を通じて構築されていきます。そのような社会福祉学は、規範科学、認識科学、設計科学、実践科学という四つの位相をもっています。

前にも一度ふれたことですが、わが国では、社会科学についても、物理学や生物学などの自然科学に範をとり、研究の対象となる現象を構成する要素群を析出し、要素間の関係を因果関係や相関関係として措定し、構造化することを目的とする営みとして考えられてきました。日本学術会議の議論でいえば、「あるものの探究」をめざす認識科学こそが科学であるとみなされてきたわけです。分析科学、あるいは法則定立科学といってもよいでしょう。しかし、それが研究の対象とする社会福祉という事象の性格からして、社会福祉学を純粋にそのような認識科学、法則定立学科学として構築することはできそうにありません。経済学や法律学に匹敵するような固有の研究方法論を確立することは、社会福祉という研究対象の性格からして、期待できそうにないからです。むしろ、社会福祉学には、これも日本学術会議の議論にある言葉なのですが、「あるものの探究」に対比される「あるべきものの探求」をめざす科学、つまり設計科学としての発展が期待されることになります。

社会のなかに人びとの生活に関わって解決すべき問題があり、その解決をめざすのが社会福祉だとしますと、解決すべきというけれど、一体何を基準にして解決すべきとするのか、そのように判断する根拠は何かということを明らかにしなければなりません。社会福祉の研究には、哲学であったり、倫理学や宗教学であったり、価値に関わる科学が必要となります。社会福祉学は規範科学という位相をもつことになります。

解決すべき問題を掬い取る枠組みができたら、つぎには、それがどういう成り立ちをしているかを研究する必要があります。問題や課題の成り立ち、原因の違いによって、対応する方策手段も異なるからです。過去に類似の問題や課題があり、対応がなされたことがあれば、その経緯や顛末についての研究も必要とされます。

解決すべき問題や課題に対処するには、まずその前提として認識科学的、分析科学的な研究が必要とされるわけです。つぎには、その成果を踏まえて、何を目的、理念、目標として、どのような手段によって、多少具体化していえばどのような制度、機関、施設を設け、いかなる専門職、その知識や技術を動員して問題の解決に取り組むのか、総じていえばどのような方策手段をもってするのか、企画立案し、必要に応じて法制化し、運用の方法、手続きを定めることになります。これが設計科学の領域です。

最後に、その方策手段をどのように具体化し、実施し、実現するか、そのためにどのような知識や技術を活用するのか。そこに実践科学的なアプローチが必要とされます。対人的な支援、援助だけが実践ではありません。施策の運用も福祉計画の実施、機関や施設の運営も実践、プラクティスであり、実践科学の対象です。

こうして、社会福祉学は、設計科学としての位相を中心に、規範科学、認識科学、実践科学という四つの位相をもつことになります。

ここで少し脇道からの話を付け加えたいと思います。私は、二〇〇五年に東洋大学でライフデザイン学部という新学部を設置し、学部長に就任しました。カタカナ名の学部でそのことについては顰蹙《ひんしゅく》を買ったりしましたが、日本語でいえば生活設計学部です。こんにちなら、これでよかったかもしれません。しかし、ここで話題にしたいのは、むろん学部の名称ではありません。中身です。特にデザイン、設計という言葉に留意していただきたいと思います。経緯をいえば、東洋大学の社会学部長を勤めていた時のことですが、学部長会議で席を並べていたのが内田雄造という工学部長でした。建築学の出身で都市問題の専門家でした。日頃その内田雄造工学部長と社会学部と工学部の協力による学際的な学部の設置について話をしていたのですが、その可能性がみえてきたときにキー概念として選んだのがデザイン、設計という発想です。生活上の諸問題やその解決を設計、生活設計という観点から捉えるという構想です。さらに、この構想にはユニバーサルデザインという発想も含まれていました。

社会福祉は歴史的にみると事後処理的な事業、施策ですね。貧困、浮浪乞食、就労不能など起こってしまった問題にどう対応するかということを考えてきました。事後処理は必要ですし、重要です。何かが起こった時の対応は必要不可欠です。しかし、問題が起こらないように予防するという対応も必要です。不幸にして問題が起こった時にその影響をできるだけ少なくするという対応も必要になります。困難に陥っても、人びとがそこからどのようにして立ち直り、生活を再建するかが重要な課題となります。

そのためには、予防的な、あるいは促進的な施策の企画立案、設計、導入が必要となります。皆さんご承知のことかと思いますが、社会福祉の世界でも岡村重夫が一九六三年の『社会福祉学（各論）』のなかで、保健医療との関わりにおいて、予防という概念に言及しています。計画や設計につながる発想です。しかし、これは早すぎましたね。大変重要な、意義深い観点でしたが、ずっと無視されてきたといってよいでしょう。

このライフデザイン、生活設計という構想と日本学術会議の設計科学という構想とは、むろんのこと、直接的には関係がありません。しかし、私にとっては、ライフデザイン学部の構想を推進していたことから、日本学術会議の設計科学という構想は、まさにわが意をえたりというところでした。私にとっては、社会福祉研究、社会福祉学のパラダイム転換という思いでしたね。この観点については、広く受け継がれればと思います。

第5節　歴史と理論

社会福祉の歴史ということになると何をおいても吉田久一ということになります。私もいろいろと教えて貰いました。吉田は、社会福祉の基本・本質は、それが歴史的社会的な実践にあると主張しました。また、社会福祉の特性として社会政策、教育、保健医療などの絶対的な施策にたいして補充性をもち、同時に相対的に独自性をもつことを指摘しました。

私も、大筋として、このような吉田の指摘に同意します。たしかに、研究活動を含め、社会福祉に関する施策、制度、活動やそこに関与する人びとの活動や思想は、社会のありよう、さらには歴史のありように規定され、逆に将来の社会や歴史の形成に関わることになる、その意味において歴史的社会的実践だという吉田の言説は十分に納得可能です。また、補充性という側面を含めたうえでの相対的独自性という指摘についてもそうです。

しかし、吉田久一の研究は、総じていえば、社会福祉が歴史的にみてどのように形成されてきたのか、その内容や経過についての研究を中心とするものだったと思います。こんにちの社会福祉がいかにしてそのようになったかということ、つまり社会福祉の歴史については詳細に語っています。しかし、なぜそのようになるのか、その論理については、必ずしも十分に説明されていません。慈善事業家や社会事業家、開明的な為政者や官僚による活動・事業は歴史的社会的実践としての意味をもっています。それはまさにその通りです。しかし、それでは、なぜそのような活動や事業が一定の時代や状況のなかでうみだされ、やがては社会制度化され、国家による政策に転化するのでしょうか。

私が知りたいのは、経過や経緯だけではありません。個人や民間団体の活動・事業がいかにして社会制度化され、政策化されるのか、その理由、その論理やメカニズムです。吉田久一の研究はそこのところが手薄です。つまり、社会福祉の理論研究としてみた時、吉田の議論は必ずしも十分なものとなっていない。そのように思えるわけですね。理論的にみて社会福祉の存立に密接に関わると思われる補充性や相対的独自性についても、表象だけが概念化されているという印象です。

私は、一九七七年の『社会福祉の歴史』のなかでは、少し違った方法を導入しています。ご承知のように、イギリスの救貧法史をみますと、一五〇〇年代初頭の懲罰的な施策から出発した救貧法は、一六〇一年法の段階で救済を是認する施策の体系に転じます。しかし、市民革命後、一七世紀後半の定住法、一八世紀前半の労役場法によって厳格化しました。一八世紀の末期になるとその救貧法はさらに一転して「人道主義化」したといわれます。それにもかかわらず、一九世紀の初頭、一八三四年には「救貧否定の救貧法」ともいわれる厳格な新救貧法が制定されます。ついで、一九世紀の末から二〇世紀の初頭になると労働政策の成立と関わりをもちつつ社会事業が登場し、それが一九四〇年代から第二次世界大戦後にかけて成立する福祉国家政策のもとで社会福祉とよびうるものに変容し、拡大発展します。

大筋としてこの整理でよいとすれば、社会福祉の歴史は実に紆余曲折に富んでいます。そうしたなかで、従来の研究においては、社会事業・社会福祉の成立、その必然性が専ら一九世紀後半以降における社会改良的な施策の展開を素材にして論じられてきました。そのような議論においては、それ以前の救貧法の歴史や、慈善事業、友愛組合などは、社会事業の単なる前史的な事象として、社会事業とは別個の施策や事業として扱われてきたように思います。私は、一六世紀から一九世紀の前半までの施策や事業も含めて、そして福祉国家政策のもとでの社会福祉の展開を含めて、一貫した論理のもとに、理論的に説明することが必要ではないかと考えてきました。

私は、前出の『社会福祉の歴史』において、基本的には宇野弘蔵の資本主義の発展に関する段階論的な理解、なかでも資本主義の発展を生成期、発展期、成熟期の三通りの時期に区分し段階論的に展開する言説、いわゆる宇野経済学に、大内力その他による国家独占主義の議論を加味した枠組を社会福祉史の分析枠組として導入しました。すでに、先行する議論として、一番ヶ瀬康子による国家独占資本主義を組み込んだ発展段階論的な議論がありました。そのことも踏まえて、社会福祉の成立と展開を資本主義の発展段階を機軸にして説明することを試みたわけです。私の一時期におけるアメリカ社会福祉の歴史、なかでもニューディール期の社会保障や社会福祉に関する研究も、そのことに密接に関わっています。

このような私の試みは、自画自賛の誹りを承知でいえば、それなりの意味をもったと思っています。しかし、むろん課題が残っていました。その一つは、近代以降については資本主義の発展を軸にするとして、近代以前、古代、中世、近世の社会における慈善的な活動や事業、国王その他による慈恵的な施策について、それをどのように扱うかということです。

もう一つ課題があります。第二次世界大戦後の社会福祉については社会福祉を福祉国家政策の一環として論じてきたわけですが、福祉国家の時代は一九七〇年代でピークを迎えました。私は、福祉国家、そしてそのもとにある社会福祉は、つぎの十年、八〇年代を分水嶺として新たな時代を迎えることになったと考えています。それ以後の政策動向を軸にしていえば、社会福祉は地域共生社会が政策化される時代を迎えるわけです。このような状況をどのように捉えるか、それがもう一つの課題です。この変化やその意義は、従来の資本主義の発展段階論を軸にした枠組の延長線上において説明することはとてもできそうにありません。

もとより、八〇年以降の社会も資本主義社会であることに違いはありません。そして、それ以後においても、社会福祉は一貫して資本主義経済の影響のもとにあり、その規定を受けています。しかし、先にみた第一の課題、そして第二の課題に対応するためには、資本主義という経済システムを前提にしつつも、新たな社会福祉研究の視点と枠組が必要とされます。

第6節

新たな切り口―自律生活と自律生活協同体の自己組織性・自己防衛性・自己実現性―

第一の課題との関係でいえば、池田敬正による研究が思いだされます。池田は、皆さんご承知のように、社会福祉の歴史を人類の歴史とともにはじまる、古代社会における人びとの助け合い、相互扶助などの愛他主義的な活動にはじまり、中世、近世そして近代初期の慈恵的救済事業や慈善事業、一九世紀末の社会事業、そして第二次世界大戦前後の社会福祉、最終的には一九七〇年代イギリスのパーソナルソーシャルサービスにいたる、一貫した内容をもつ活動や事業、政策として把握しようとしていたように思います。池田は、パーソナルソーシャルサービスを地域社会をベースにした政策と援助の統合を意味するものとして捉えています。

このような社会福祉理解の起点は、池田によれば、人類の誕生とともにはじまる「社会共同」です。それは、相互扶助や愛他主義の源泉でもあり、所産でもあります。その社会共同が、個人の発見と社会の発見という人類史的な課題が追求され、実現していく過程において、慈善活動、慈善事業となり、やがて社会事業、社会福祉として展開し、発展してきたというわけです。構想として興味深いですし、また歴史通貫的な社会福祉史としてそれなりに成功しているように思えます。しかし、直截にいえば、池田のいう社会共同という概念にそこまでの説明力を期待できるのか、疑問なしとしません。説明原理として無理があるように思われます。

先ほど一九八〇年代が社会福祉の分水嶺だといいましたが、その八〇年代の末から九〇年代にかけて、その後の社会福祉のありように影響を及ぼすことになる重要な議論が登場します。その一つは、ソーシャルキャピタルという議論です。身近な人びとや近隣社会における人びとと相互のつながり、助け合いなどの愛他主義的な思想や行動が、荒廃した社会の復興や生活の再建に効果的なはたらきをもつという議論です。一九九五年に起きた阪神・淡路大震災は町内会の組織や活動、ボランティア活動に社会の関心を向けさせました。さらに、二〇一一年の東日本大震災の折りには、レジリエンスという言葉が注目されました。対抗力、復元力と訳されていますが、もともとは工学領域の言葉で物体に力が加わるとそれに反発する力がうまれるという意味です。フランスの小児精神医学の領域では、子どもの成長の過程で何か精神的な負荷、ストレスがかかった時には、それに影響されると同時に、対抗する力が作用するという現象をさして使われているようです。そのレジリエンスが地域社会による復興状況の違いを説明するために活用されました。日頃から自治会や町内会がしっかりしていた所ほど、復興への取り組みが早い、またうまくいっている。つまり、地域社会のもつレジリエンスの違いによって、復興のしかたに違いがあります。レジリエンスが高い地域ほど復興が適切に、かつ効果的になされているというわけです。

このような震災と復興に関わる議論が九〇年代以降の社会福祉のありようにも大きな影響を与えました。こんにちの地域共生社会政策のなかにもそれがしっかり取り込まれています。しかし、皆さんご承知のように相互扶助や自治会・町内会活動については、高度成長期以前においては、親族協救・隣保相扶という言葉にも象徴されるように、前近代的な救済原理として敬遠され、批判されてきました。それが俄かに、八〇年代以降、福祉改革と震災復興を契機に、積極的な意味をもつ言葉、議論として再登場してきたというわけです。その意味では、手のひらを返すようでいかがなものかということになります。実際、そういわれてもしかたがないような議論や活動もあるわけです。

しかし、福祉国家が批判の対象に転化し、その理由の一つとして、かつて個人と国家の中間に位置した団体や組織、中間組織が福祉国家の成立以後弱体化してきたという指摘があります。イギリスでは、民間社会福祉の縮減にたいする批判もあるわけです。わが国でも、第二次世界大戦以後、社会福祉関係者の目はこぞって国に向かい、国の責任、役割の拡大を求めてきたわけです。ポスト福祉国家時代の社会福祉を考えるためには、ソーシャルキャピタルやボランタリズム、そしてレジリエンスなどを視野に入れつつ、社会福祉の全体像を捉える、すなわち解体新書の視点や枠組について改めて考え直してみる必要があるのではないか、というわけです。理論レベルでいえば、先程申し上げた第二の課題を視野に入れるということになります。

ここで、ドイツの社会学者テンニエスによる共同社会から利益社会へという社会の近代化の過程に関する言説を思いだしたいと思います。テンニエスについては、近代化にともなう社会の変化を血縁関係や地縁関係を紐帯にし、社会のなかに個人が埋没した共同社会＝ゲマインシャフトから、人びとがその自覚的な意志と判断にもとづいてつながりあい、活動する利益社会＝ゲゼルシャフトに変化したと説いたという、そこのところだけが強調されてきました。

しかし、テンニエスは、後の一九世紀末には、生活共同組合や労働組合の発展を踏まえながら、人びとがその生活を護るために選択的意識的につながりあう社会が形成されつつあるところに着目し、それを協同社会、ゲノッセンシャフトと名付けています。それは、端的にいえば、利益社会を基盤としながら、人と人との助けあいが重視される、助けあいの意志が紐帯となっている社会です。生活協同組合や労働組合は産業革命を支えた工場制度のもとで全国から呼び集められた労働者たち、お互いに血縁も地縁もない個の集合としての労働者たちが、自分たちの生活を護るために形成した組織、それが協同社会です。かつての共同社会は利益社会によって蚕食され、解体されてしまったというわけではありません。かといって、かつての共同社会の単なる復活、共同社会への回帰でもありません。

社会の近代化、利益社会化によってかつての共同社会に濃密に孕まれていた生活の協同性が消滅してしまったというわけではありません。市場原理の貫徹する利益社会になり、それがもたらした惨状に直面すると、労働者や庶民のあいだに生活には協同的な営みや組織が必要ではないか、それがないと人間は生きていけないのではないか、そういう自覚がうみだされてきたということです。こうして近代社会に、共同社会から利益社会へ、そしてその利益社会の部分的な否定のうえに形成され、登場する新たな協同社会へという、弁証法的な発展・展開がもたらされたわけです。

私は二〇〇三年の『社会福祉原論』のなかで、この協同社会を社会福祉の基盤として位置づけることを提起しました。むろん、テンニエス以外にも参考にした言説があります。たとえば、ポランニーの社会政策や社会保障を社会の自己防衛として捉えるという構想です。ソーシャルキャピタルやレジリエンスもその流れのなかに組み込むことになります。

私は、社会の一番の基礎になる部分には、人びとの自律生活のための協同というものがあるのではないか。歴史的な社会は、そのような自律生活のための協同体、すなわち自律生活協同体がそのときどきの経済や政治の影響のもとで、古代から中世、近世、そして近代初期にいたる共同社会、利益社会、協同社会という歴史的な形態をとることになった。私は、そのように考え、自律生活協同体を多様な形態をとる歴史的社会の底に通底する社会、そういう意味を込めて基層社会とよぶことにしました。

この基層社会としての自律生活協同体は、自律生活と表裏の関係にあります。したがって、自律生活協同体は、自律生活にみられる自立力、自存力、結縁力、対処力、回復力をもち、自己組織的、自律的に自己を形成し、防衛し、自己実現をはかろうとする性能を有しています。そのことから二〇二一年の『社会福祉学の原理と政策』の時点においては、社会福祉を「自律生活と生活協同体の自己実現」として捉えることにしました。生活協同体は、池田のいう社会共同にダイナモ、力動性と方向性、つまりベクトルを付与した概念といってよいかもしれません。

私は、救貧的な施策や慈善事業を自律生活協同体の自己組織性、自己防衛性、自己実現性の所産として考えています。たとえば、イギリスの初期救貧法、国王による慈恵的救貧施策も、それを策定し、運用したのは政治的権力者ですが、その前提には、乞食や浮浪者から自分たちの生活を守ろうとする教区民の要望がありました。政治権力の側からみてもそのような要望に応えることは意味がありました。基層にある自律生活協同体が維持されなければ、権力の基盤となる歴史的な社会そのものが存立しえないからです。十九世紀の慈善事業や友愛組合も生活協同体の自己組織化運動として捉えることができます。時の夜警国家的な政治権力は、それを積極的に奨励しました。

しかし、自律生活協同体を起点にする自己組織化には限界があります。自律生活協同体が有効に機能する範囲には限界があります。それを超えて自律生活協同体を維持し、発展させるには、最終的には国、国家という権力組織を活用せざるをえません。十九世紀末のイギリスの労働者たち、彼らは労働運動を組織化し、社会主義運動を展開するわけですが、最終的には議会にたいして議員を送り込む、議会的社会主義というかたちをとるわけです。その結果として、各種の労働政策や社会事業が成立しました。これらの社会改良的な施策の導入は、政治権力のサイドから考えても、積極的な意義がありました。労働政策や社会事業は、対内的には、自律生活協同体を基層にする国民国家に求心力と安定をもたらし、対外的には帝国主義的な植民地獲得政策の推進を可能にしたからです。

自律生活協同体は、みずからを自己組織的に防衛し、維持存続させ、自己実現をはかろうとして、国民国家を活用し、国の権力組織を生活資源の配電盤として活用したわけです。福祉国家は、そのような自律生活協同体の自己組織化の、ある意味での頂点として成立しました。しかし、自律生活協同体を防衛し、維持発展させるために導入された国家という権力組織の活用は、やがて今度は逆に中間組織、中間社会を空洞化・弱体化させ、自律生活協同体の空洞化・弱体化を招きました。福祉国家というかたちでの国家組織の肥大化、中央集権化と官僚主義化は、経済や政治のみならず、自律生活協同体の停滞、弱体化を招きました。

こんにち、そうした状況のなかで、今度は国家の側が、福祉国家政策の負の遺産となった「国家の過剰介入」を回避するという名目のもとに、国家の責任・役割を縮減させ、社会の基層にある自律生活協同体に働きかけ、それを利用し、活用することを通じて、国家としての統治能力の保全・確保をめざす方向に転換してきたわけです。社会福祉に即していえば、国家の側が、自律生活協同体に依存し、自律生活協同体を活用して、社会福祉の再編成をはかることになりました。自助と共助を基盤に、公助の見直し、適正化が求められるようになってきたわけです。

私は、二〇世紀から二一世紀への世紀転換期以来の社会福祉の流れを、基本的には、以上のような視点、枠組によって把握し、分析することを通じて、理論的に理解し、把握することができると考えてきました。しかし、社会福祉にかぎらず、わが国においては、その基盤である社会そのものが由々しい事態に向かいつつあります。労働力の不足、そして人口減少社会化の進行です。

ここまで議論の要としてきた自律生活協同体そのものの維持存続が危ぶまれるという、まさに危機的な状況に陥ろうとしているわけです。そうしたなかで、われわれは、みずからの生活、自律生活と自律生活協同体をいかにして保全し、維持存続させ、発展させ続けることができるのか、社会福祉に課せられている課題には実に重いものがあります。

われわれが直面させられている危機的な状況、課せられている課題の大きさを思えば、即効薬を求めることなどできそうにもありません。地域共生社会を実現しようというのであれば、まずはその基層を構成する人びとの自律生活と自律生活協同体を保全し、維持発展させるための的確な方策手段がきちんと整備されるべきでしょう。

国には、国民に自助や共助を求める以前に、社会福祉にたいする国としての責任を的確に果たすことが求められます。そのうえで、国は、福祉サービスに責任を負う自治体、基礎自治体、そして自治体政府としての市町村とそれをバックアップするべき都道府県によるガバナンスをきちんと裏支えするとともに、地域社会による自発的、自律的な意志と判断による社会福祉活動の設計、運営、実践への参画を可能にするようなシステムを整備するべきであろうと思われます。

社会福祉学に携わるものには、そのような国、自治体、地域社会による社会福祉の取り組みを的確に把握し、分析し、将来を模索し、適切に方向づけることを可能にするような研究の立ち位置、視点や枠組を構築し、日々の研究活動を推進し、展開することが期待されることになろうかと考えています。

〔参照文献〕

●単著

(1)『古川孝順社会福祉学著作選集（全7巻）』中央法規出版、二〇一九年。
(2)『子どもの権利―イギリス・アメリカ・日本の福祉政策史から―』有斐閣、一九八二年。
(3)『児童福祉改革―その方向と課題―』誠信書房、一九九一年（前掲『著作選集』第6巻）。
(4)『社会福祉学序説』有斐閣、一九九四年（前掲『著作選集』第3巻）。
(5)『社会福祉改革―そのスタンスと理論―』誠信書房、一九九五年（前掲『著作選集』第6巻）。
(6)『社会福祉基礎構造改革―その課題と展望―』誠信書房、一九九八年（前掲『著作選集』第6巻）。
(7)『社会福祉学』誠信書房、二〇〇二年（前掲『著作選集』第4巻）。
(8)『社会福祉原論』誠信書房、二〇〇三年（前掲『著作選集』第5巻）。
(9)『福祉ってなんだ』岩波書店（岩波ジュニア新書五八三）、二〇〇八年。
(10)『福祉改革研究―回顧と展望―』中央法規出版、二〇一二年。

⑾『社会福祉の新たな展望　―現代社会と福祉―』ドメス出版、二〇一二年。
⑿『社会福祉学の基本問題』中央法規出版、二〇一九年（前掲『著作選集』第1巻）
⒀『社会福祉学の原理と政策　―自律生活と生活協同体の自己実現―』有斐閣、二〇二一年。
⒁『社会福祉学原理要綱』誠信書房、二〇二三年。

●共編著
『社会福祉の歴史　―政策と運動の展開―』（右田紀久恵・高沢武司との共編著）有斐閣、一九七七年。

おわりに

筆者は、「はじめに」のところで、通算して六十余年間学生、院生、研究者、教育者として社会福祉、そして社会福祉学の研究、教育に携わってきたと書きました。ただ、東洋大学退職後の七、八年間は社会福祉学の研究、教育というよりも大学院の設置や学部の新設などの大学行政にかなりの時間と労力を注ぎ込んできました。もちろん、社会福祉学の研究をおろそかにしてきたというわけではありません。しかし、実際には、その間の社会福祉の急激な変化にも十分についていけず、社会福祉学の構築という見果てぬ夢も文字通りの夢に終わりかねないという状況になっていました。そうしたことから、その後の四、五年はもっぱら五十年余の社会福祉学研究の見直しとその現代化（アップデート）に取り組んできました。その成果が、二〇一九年の『古川孝順社会福祉学著作選集』（中央法規出版）、二一年の『社会福祉学の原理と政策―自律生活と生活協同体の自己実現―』（有斐閣）、二三年の『社会福祉学原理要綱』（誠信書房）です。ただ、どうしても不充足感を払拭しきれませんでした。

そうしたなかで、「はじめに」において一度ふれたように、筆者は、かつて二〇〇七年に編集に関わって刊行した『エンサイクロペディア社会福祉学』（中央法規出版）の増補版を刊行する準備作業に関わってきました。その過程において、筆者は、編著者を代表して『増補版』編集のレファレンスとして社会福祉学の全体像をとりまとめるという試みに踏み込むことになりました。これを機会として、筆者は編集担当者である照井言彦さんと相談して、同じ内容のものを『増補版』には「社会福祉学の思考軸」というタイトルのもとに文語体で執筆し、それとは別に口語体にして執筆した論稿を『社会福祉学の道しるべ』というタイトルをつけ単著として刊行することにしました。それが本書です。

筆者は、終章末尾の文献一覧にみるように、二〇〇八年に『福祉ってなんだ』（岩波ジュニア新書）、一二年に『社会福祉の新たな展望』（ドメス出版）を刊行しています。この二冊はどちらも口語体で記述したものです。そして、どちらについても読みやすい、理解しやすいという読者の声を聞いています。もちろん、文語体の記述よりも口語体の記述の方が理解しやすいという理屈はないように思いますが、同じこと、同じ論理の展開を伝えるには、口語体の方がより丁寧になるということはありそうです。

筆者の文章は読みづらい、理解し難いという声をしばしば聞いてきました。そこで、この機会に、同じ内容、同じ論理の展開を文語体と口語体で記述し、読者に両方にふれてもらうことによって、内容に関心をもち、理解を深めていただければと考えたわけです。近年の社会福祉教育は、大学においても社会福祉専門職資格に関わるテキストの講読が中心になっているようです。しかし、専門職に求められることは、既成の知識や技術を現場に適用することで終わるわけではありません。日常的に変化する社会福祉の施策やクライエントの生活課題に適切に対応するためには、常日頃から既成の知識や技術に必要な修正を加えつつ、新たな知識や技術を創造していかなければなりません。

新たな知識や技術を創造するには、専門職資格の取得や業務に直接的に関連する知識や技術の範囲を超え、第二次世界大戦以前のそれを含めて、先行する社会福祉学研究の広範な業績にも関心をもち、社会福祉そのもの、そして社会福祉学について、原理的なレベルまで遡及して考える、考え直してみることが求められます。これから社会福祉の専門職の資格を取得しようと考えている読者、あるいは大学院への進学を考えている読者、さらには大学院の後期課程に就学し研究者や高度な専門職への道を踏み出そうとしている読者にとって、本書が「社会福祉とは何か」「社会福祉学とは何か」という原理的な問題ついてテキストのレベルを超えて深掘りし、そしてより広範に議論をかわすきっかけになればと願っております。

最後になりますが、本書の校閲については武蔵野大学人間科学部の野口友紀子教授にお世話になりました。もちろん、なお瑕疵があるとすれば、それは筆者の責任に属します。そして、本書の刊行については、いつものように、荘村明彦社長、編集担当の照井言彦さんをはじめとする中央法規出版株式会社の関係者の皆さんに一方ならぬご好意とお世話をいただきました。ここに、御礼と感謝を申し上げたいと思います。

二〇二四年九月九日

筆者記す

事項

｜あ｜

新しい社会福祉研究の方法 ―― 80
アドミニストレーション ―― 247
アプローチとしての固有性 ―― 105, 112
アメリカ ―― 136, 168
あるべきものの探求 ―― 304
あるものの探求 ―― 304
イギリス ―― 136, 155, 159, 168, 181
依存的自立 ―― 74
一般的生活支援施策 ―― 96, 100, 103
委任事務 ―― 184
院外救済 ―― 118
院内救済 ―― 118
運営システム ―― 197
SDGs ―― 189
エンパワーメント ―― 266
オーラルヒストリー ―― 240

｜か｜

介護福祉士 ―― 187, 229, 256
回復型生活支援 ―― 267
回復力 ―― 67, 87, 212, 266
外部生活システム ―― 68
乖離社会 ―― 135
学際科学 ―― 37, 50
学際科学的なアプローチ ―― 41
格差社会 ―― 135
課題解決科学 ―― 42
ガバナンスシステム ―― 252
ガバメントシステム ―― 251
貨幣的ニーズ ―― 118
感化救済事業 ―― 133, 141
環境整備的施策 ―― 96
機関委任 ―― 175
機関委任事務 ―― 231
技術論 ―― 23, 25
基層社会 ―― 318
基礎科学 ―― 37
――の応用研究 ―― 38
規範科学 ―― 304
――としての位相 ―― 56, 58
規範科学的なアプローチ ―― 55
規範システム ―― 70
救貧事業 ―― 110, 136, 150, 161
共済事業 ―― 110, 136, 150
行財政改革 ―― 181
共棲事業 ―― 135
協調社会 ―― 170
共同社会 ―― 135, 316
協同社会 ―― 135, 165, 167, 316
国 ―― 220, 230
ケアワーク ―― 123, 279
計画行政化 ―― 186
経済システム ―― 70
結縁力 ―― 67, 87, 212, 266
ゲノッセンシャフト ―― 316
ゲマインシャフト ―― 316
現金給付 ―― 118
現物給付 ―― 118
後期協同社会 ―― 170
後期資本主義期 ―― 136
公的扶助 ―― 121
行動理論 ―― 52

購買力の提供
31, 119, 120, 176, 269
コーポラティブシステム 252
国際連合 189
国民皆保険皆年金体制 174
国民涵養的施策 96
国民的効率論 165
国民的最低限論 165
国家型社会福祉 136, 182, 239
国家資格 187
国家独占資本主義 171
国家の失敗 180
国家の発見 140
個別政策の研究 239
個別的・総合的アプローチ 105, 112
コミュニティソーシャルワーク 277
雇用者 72
|さ|
ジェネラリストソーシャルワーク 274
支援システム 197
支援提供システム 199
支援展開システム 198, 199
支援方法としての固有性 105, 118
自己実現性 67, 318
自己組織性 67, 318
自己防衛性 67, 318
市場補完的施策 96
自助型社会福祉 136, 182, 239
自助的自立 74, 166
システム的サービスの提供
119, 124, 176
慈善事業 110, 133, 136, 150
慈善組織協会 156
自然的環境 92
自存力 67, 87, 212, 266
自治事務 184
自治体 220, 230
支柱型生活支援 267
市町村 220
実践科学 304
実践科学的なアプローチ 56, 63
実践科学としての位相 57, 63
児童指導員 256
自発的社会福祉 151
資本主義 156
資本主義社会 72
社会運動 178
社会共同 153
社会行動システム 198
社会事業
100, 133, 141, 144, 147, 150, 155, 158, 238
社会資源 117
社会システム 70
社会主義運動 157
社会政策 143, 144, 147, 150
社会政策機軸論 162
社会組成システム 83, 93
社会的環境 90
社会的な啓発と規整
31, 119, 120, 176, 269
社会的生活支援施策
96, 103, 164, 172
社会的脆弱性 225

社会的バルネラビリティ ―― 204
社会的問題 ―― 203
社会の発見 ―― 138
社会福祉
―― 17, 31, 78, 100, 135, 167, 178, 238
――の一体的把握 ―― 24
――の運営 ―― 246
――のL字型構造 ―― 103
――のガバナンス ―― 246
――の計画化 ―― 254
――の骨格構造 ―― 194
――の三位一体構造論 ―― 197
――の三位一体的把握 ―― 28
――の支援 ―― 260
――の施策体系 ―― 49
――のシステム構成 ―― 29, 198
――の実践主体 ―― 228
――の主体 ―― 216
――の主体論 ―― 49
――の推進主体 ―― 216
――の政策 ―― 236
――の全体像 ―― 37
――の対象 ―― 23, 174, 202
――の対象論 ―― 49
――の定義 ―― 32
――の適用範囲 ―― 186
――の範囲 ―― 18
――のブロッコリー型構造 ―― 281
――の分野論 ―― 194
――の本質 ―― 25
――の方法論 ―― 49
――のもつ固有性 ―― 105
――の輪郭 ―― 20
――の歴史 ―― 133, 310
社会福祉概論 ―― 18
社会福祉学 ―― 16, 78, 295
――の位相 ―― 303
――の構成 ―― 46
社会福祉学研究 ―― 36
社会福祉学原論 ―― 46
社会福祉基礎構造改革 ―― 182
社会福祉史 ―― 133
社会福祉士 ―― 187, 229, 256
社会福祉事業 ―― 19
社会福祉事業体系論 ―― 195
社会福祉事業法 ―― 19
社会福祉専門職 ―― 256
社会保険 ―― 120, 161
社会保障法 ―― 169
社会問題としての生活問題 ―― 207
社会理論 ―― 52
縮小社会 ―― 135
主体と対象の互換性 ―― 224
恤救規則 ―― 141
初期資本主義期 ―― 135
自律社会 ―― 166
自律生活
―― 31, 45, 67, 78, 155, 165, 301
自律生活協同体
―― 31, 45, 76, 78, 155, 156, 165, 166, 301, 318
自律生活協同力 ―― 207, 212, 265
自律生活力 ―― 67, 85, 207, 212, 265
自律的生活 ―― 74

自立と共同 — 153
自立力 — 67, 87, 212, 266
人格理論 — 52
人工的環境 — 92
人的サービスの提供 — 119, 121, 176
生活維持システム — 84, 90
生活課題
— 113, 173, 183, 196, 207, 263
——の構造 — 207
——の対象化 — 242
生活協同組合 — 156
生活協同体 — 75
生活困難 — 210
生活支援 — 263
——の方策手段 — 31, 269
——の目的 — 261
——の類型 — 267
生活支援システム — 84
生活支援ニーズ — 209
生活資材の提供 — 31, 119, 176, 269
生活支障 — 210
生活システム — 68, 84
生活者／生活人 — 70
生活主体 — 94
生活資料の提供 — 119, 121, 176
生活設計 — 307
生活の自立 — 59, 73
生活の自律 — 60
生活不安 — 210
生活負荷要因 — 207, 211, 263
生活不能 — 210
生活不利 — 210
生活保護 — 184
生活問題 — 173, 183, 196, 203
世紀転換期福祉改革 — 182, 217, 231
制限列挙主義 — 19
政策運用システム — 199
政策過程の研究 — 241
政策決定システム — 199
政策システム — 197
政策立案システム — 199
政策論 — 23, 25, 50
政治システム — 70
成熟期資本主義期 — 136
精神保健福祉士 — 187, 229, 256
制度運営システム — 199
制度規整的施策 — 96
設計科学 — 42, 55, 304
——としての位相 — 57, 62
設計科学的なアプローチ — 55, 63
選択主義的普遍主義 — 176
先導 — 129
先導的・相補的固有性 — 105, 109
全面型生活支援 — 267
専門職資格の法制化 — 187
専門職組織 — 256
総体社会 — 78, 83
相補 — 128
ソーシャルアクション — 178
ソーシャルポリシー — 164, 172
ソーシャルワーク
— 41, 123, 177, 274, 300
——の新たな理論モデル — 275

｜た｜

対象設定システム 199

対処力 67, 87, 212, 266

代替 127

代替性 101

ダイバーシティ 221

多元型社会福祉 136, 182, 239

縦割り型の専門分化 188

団体委任 175

団体委任事務 231

地域社会 185, 223, 234, 266

地域住民 185, 230, 234

地域福祉 185, 223

提供組織の多元化 187

当事者運動 178

トータルシステム 26, 28, 83

独自固有な理論体系 53

独自固有の研究対象 17

独自固有の研究方法 17

｜な｜

内部生活システム 68

ナショナルフィシエンシー 165

ナショナルミニマム 165

ニューディール政策 169

認識科学 55, 304

——としての位相 56, 60

認識科学的なアプローチ 55, 61

任用資格 187

｜は｜

非貨幣的ニーズ 118

評価システム 198

福祉改革 180

福祉国家 168, 171, 230, 312

福祉国家批判 180

福祉サービス提供主体 226

福祉ニーズ 173

福祉ニーズ論 206

福祉六法体制 174

物質的環境 92

普遍主義的生活支援 176

フレーミング 242

並立性 101

ベバリッジ報告 169

保育サービス 123

保育士 187, 256

包括的・多分野横断的アプローチ 188

法則定立科学 55

法則定立科学的なアプローチ 55

法定受託事務 184

法律による社会福祉 151

補完 126

保護事業 161

ポスト資本主義期 135

ポスト福祉国家 137

補足性 101

本来的・並立的固有性 105, 106

｜ま｜

マクロ次元のシステム 28

マクロソーシャルワーク 275

ミクロ次元のシステム 28

ミクロソーシャルワーク 275

メゾ次元のシステム 28

メゾソーシャルワーク 275

問題発見科学 42
｜や｜
友愛組合 156
予防型生活支援 267
｜ら｜
ライフデザイン 307
利益社会 135, 156, 166
領域としての固有性 105, 106
利用支援システム 199
歴史科学的なアプローチ 55
レジデンシャルケア 280
レジデンシャルワーク 123, 279
レジリエンス 314
連携的・開発的アプローチ 105, 115
労働組合運動 157
労働政策 161
｜わ｜
ワイマール基本法 169

人名

｜あ｜
池田敬正 153, 313
石井哲夫 36, 51, 296
一番ヶ瀬康子 37, 44, 51, 80, 102, 133, 149, 195, 203, 237, 298, 311
岩田正美 240
ウイレンスキー（Wilemsky,H.L.） 21, 179
右田紀久恵 51, 290, 298
宇野弘蔵 311
大内力 311
大河内一男 51, 106, 143, 144, 237
岡村重夫 36, 43, 79, 151, 296, 299, 307
小川利夫 36, 51, 296
小川政亮 36, 51, 296
｜か｜
柏女霊峰 241
木田徹郎 296
孝橋正一 36, 51, 101, 143, 147, 203, 237, 296
｜さ｜
真田是 80, 237, 298
嶋田啓一郎 298
菅沼隆 240
スマイルズ（Smiles,S.） 73
副田義也 204, 240
｜た｜
高澤武司 290
高島進 133
竹内愛二 36
テンニエス（Tŏnnies,F.） 316
｜な｜
仲村優一 296
｜は｜
平野隆之 255
ブース（Booth,C.） 61
星野信也 38, 298
｜ま｜
マズロー（Maslow,A.） 209
三浦文夫 38, 206, 222, 227, 247, 296, 298

｜や｜
吉田久一 ―― 36, 51, 133, 296, 308
｜ら｜
ラウントリー（Rowntree,B.S.） ―― 61
ルボー（Lebeaux,C.N.） ―― 21, 179

著者紹介

古川孝順《ふるかわこうじゅん》

社会福祉学　博士（社会福祉学）
1967年、熊本短期大学（当時）専任講師就任、以降、日本社会事業大学、東洋大学、西九州大学、長野大学教授を歴任。2007年、日本社会福祉学会会長。
主な著書として、『古川孝順社会福祉学著作選集』（中央法規出版、2019年）、『福祉ってなんだ』（岩波書店、2008年）、『社会福祉の新たな展望―現代社会と福祉―』（ドメス出版、2012年）、『福祉改革研究―回顧と展望―』（中央法規出版、2012年）、『社会福祉学の原理と政策―自律生活と生活協同体の自己実現―』（有斐閣、2021年）、『社会福祉学原理要綱』（誠信書房、2023年）など。

社会福祉学の道しるべ―社会福祉の解体新書を求めて―

二〇二四年十一月二〇日　発行

著　者　古川孝順
発行者　荘村明彦
発行所　中央法規出版株式会社
〒一一〇―〇〇一六 東京都台東区台東三―二九―一 中央法規ビル
TEL 〇三―六三八七―三一九六
https://www.chuohoki.co.jp/

印刷・製本　株式会社ルナテック
装丁・本文デザイン　大下賢一郎
装丁イラスト　大下日向乃

定価はカバーに表示してあります。

ISBN978-4-8243-0140-6

落丁本・乱丁本はお取り替えいたします。

本書の内容に関するご質問については、左記URLから「お問い合わせフォーム」にご入力いただきますようお願いいたします。

https://www.chuohoki.co.jp/contact/

A140